Karl Volckmar

Zur Stammes- und Sagengeschichte der Friesen und Chauken

Karl Volckmar

Zur Stammes- und Sagengeschichte der Friesen und Chauken

ISBN/EAN: 9783955640170

Auflage: 1

Erscheinungsjahr: 2013

Erscheinungsort: Bremen, Deutschland

@ EHV-History in Access Verlag GmbH, Fahrenheitstr. 1, 28359 Bremen. Alle Rechte beim Verlag und bei den jeweiligen Lizenzgebern.

Zur
Stammes- und Sagengeschichte

der

Friesen und Chauken.

Von

Dr. K. Volckmar,

Director des Königlichen Gymnasiums zu Aurich.

Aurich.

Louis Spielmeyer.

1867.

I. Chauken und Friesen.

Die altfriesischen Sprachdenkmäler stammen aus den Gegenden zwischen Zuidersee und Weser, welche von Alters her die Chauken und Friesen inne hatten und die noch jetzt von den Nachkommen derselben bewohnt werden. Es ist eine falsche Vorstellung Runde's *), die Chauken seien vom Meeresufer und den Mündungen der Jade und Weser allmälig auf die Moore und die höhere Geest durch die Friesen zurückgedrängt und diese hätten den den Fluthen abgewonnenen Marschboden eingenommen. Davon meldet die Geschichte nicht das Geringste. Und wenn Friesen (d. h. eigentliche Friesen, Westfriesen) ausserhalb ihres Landes allerdings in einzelnen Colonien hier- und dorthin gekommen sind, um Land einzudeichen und Sumpfboden in Fruchtland und Wiesen zu verwandeln, so wird doch in dem Gebiete zwischen Ems und Weser von solchen Colonien nichts erwähnt, weil die chaukischen Bewohner sich ohne Zweifel auf den Wasserbau ebenfalls

---

*) Oldenburgische Chronik. 3. Ausgabe. Oldenb. 1862. p. 2.

verstanden. „Um welche Zeit aber, sagt Freese*), die Kunst, sich durch Deiche gegen die Fluthen des Meeres zu schützen, erfunden sei, lässt sich nicht genau ausfindig machen." Plinius (H. N. 16, 1.) schildert das Land der Strandchauken nach eigener Ansicht folgendermassen: „in grossartiger Bewegung ergiesst sich dort zweimal in der Zeit eines Tages und einer Nacht der Ocean über eine unendliche Fläche, verhüllend den ewigen Widerstreit der Natur und eine Gegend, von der es zweifelhaft ist, ob sie zum Lande gehört oder ein Theil des Meeres ist. Dort haben sie — ein beklagenswerthes Volk — hohe Erdhügel inne oder Erhöhungen, die mit den Händen nach Massgabe der höchsten von ihnen erlebten Fluth errichtet sind; sie gleichen mit den so auf jene aufgebauten Baracken Schiffenden, wenn das Wasser die Umgebungen bedeckt, Schiffbrüchigen aber, wenn es zurückgetreten ist, und machen in der Nähe ihrer Hütten Jagd auf die zugleich mit dem Meere fliehenden Fische. Nicht sind sie so glücklich, ein Stück Vieh zu haben, sich mit Milch zu nähren, wie ihre Nachbaren, ja auch nur mit wilden Thieren zu kämpfen, da alles Gebüsch fehlt. Aus Schilfgras und Sumpfbinsen flechten sie Stricke zu Fischnetzen, und indem sie mit den Händen gefassten Koth (lutum) mehr durch den Wind, als die Sonne trocken werden lassen, kochen sie ihre Speise und erwärmen ihren durch den Nordwind erstarrten Leib mit Erde. Trinken haben sie nur von Regenwasser, welches sie in Gruben aufbewahren in dem Vorhofe ihres Hauses. Und diese Völker, wenn sie heute vom römischen Volke besiegt werden sollten, sagen, sie seien Knechte! Ja wahrlich so ist's: viele schont das Schicksal zu ihrer eignen Strafe."

Jene natürlichen oder künstlich aufgeworfenen Erdhügel, von denen Plinius spricht, heissen jetzt Werfen,

---

*) Ostfries- und Harlingerland. 1796. p. 238.

Warfen, Warwen, Wirden, Würden, Weerden und an der Weser Warden, Worten, Wurten.*) Der gemeine Landmann wird davon Warfsmann genannt. Der von Freese (a. a. O. p. 240 ff.) angeführte sachkundige Hunrichs berichtet über die Warfe nach den von ihm angestellten Untersuchungen Folgendes: „Die Warfen sind grösstentheils aufgeführt, als der Anwachs noch nicht mal die Höhe hatte, dass er grün werden konnte. Davon zeugen noch die meisten alten Werfe, worauf die Dörfer in den Marschen gebaut sind. Wenn man darin nachgräbt oder dieselben betrachtet, wie sie sich im Durchschnitt augenscheinlich darstellen, wenn sie ausgedeichet und vom Abbruche halb weggerissen sind, so findet sich, dass etwa vier Fuss unter dem grünen Meyfelde**) erstlich abgezäunte Vierecke mit einer Grundlage von Stroh angefüllet sind, darüber ein paar Fuss hoch Schlick aufgekoyert sey, ***) sodann eine oder eine doppelte Lage grosser Mohrsoden oder Plaggen, von zwei bis drei Fuss in's Gevierte gelegt, darüber wieder Schlick aufgebracht, dann wieder eine Lage Mohrsoden ausgebreitet, und darüber die letzte Höhe der Werfe von Schlick aufgekoyert worden. Das völlig zugeschliekte Püttwerk†), woraus diese Schlickerde genommen, beweiset nicht allein, dass dergleichen Höhen und Werfe zuerst, als das Land noch völlig ungedeicht gewesen, aufgeführt worden, sondern auch die beschriebene Art und Weise ergiebet klärlich, dass solches sogar geschehen, als dasselbe noch nicht mal grün und Land gewesen; denn sonst wären alle dergleichen Vorsichtigkeiten, welche bloss

---

*) Visbeck, die Nieder-Weser und Osterstade p. 61, meint, ein Warf sei mehr eine künstlich gemachte, Wurt eine natürliche Erhöhung.

**) Die oberste Fläche oder Höhe des Erdreichs einer jeden Gegend.

***) Koyern heisst: Erde mit Schubkarren zufahren.

†) Pütte, ein ausgegrabenes Loch 20 Fuss lang und breit, 4 Fuss tief. Die zu einem Deiche ausgegrabene ganze Strecke wird die Pütten oder das Püttwerk genannt.

gedienet haben, zu verhindern, dass der auf Schlick gedeichete weiche Schlick nicht auseinander fliessen möchte, nicht nöthig gewesen."

Noch einige Jahrhunderte nach Christi Geburt lagen die Länder der Chauken und Friesen offen und ohne Deiche den Meereswellen preisgegeben.*) Die Inseln und das feste Land gränzten aber zu der Zeit sehr nahe an einander, und die Gefahr war um so viel geringer, indem durch die damaligen engen Seelöcher nicht so viel Wasser bei der Fluth landwärts getrieben wurde. Nachdem sich jedoch die Osterems durch Zerreissung der grossen Insel Borkum gebildet, so wurde dem chaukischen Festlande eine ungeheure Menge Seewasser zugeführt und dadurch manche Verwüstung angerichtet. Chauken sowohl, wie Friesen wurden immer mehr darauf hingewiesen, sich durch gemeinschaftliche Anlagen gegen die Fluthen zu schützen. Einige Geschichtsschreiber behaupten, dass der friesische König Aldegill schon im siebenten Jahrhundert seinem Volke Anleitung zum Deichen gegeben habe, andere setzen die Erfindung der Deiche ungefähr in die Zeit des Jahres 980, andere in die des Jahres 300 n. C. Matthias von Wicht**) hält es für wahrscheinlich, dass man das Deichen nicht sowohl von den Römern, als vielmehr den Normannen gelernt habe. Auch Dousa nimmt an, dass durch dieselben oder, wie er sagt, durch die Dänen und Gothen (Schweden) ungefähr um das Jahr 758 die Zeeländischen Inseln mit Deichen und Dämmen umgeben seien. Freese meint, diese seien nur kleine Sommerdeiche (Kajedeiche) gewesen, die schwereren Deiche aber, welche den Winterstürmen Widerstand leisten konnten, wären erst später aufgekommen und vervollkommnet, namentlich im zwölften Jahrhundert. Wenn aber, wie er anführt, der Erzbischof Friedrich von Bremen schon im Jahre 1106 Holländer zum Eindeichen einiger

---

*) Alles nach Freese a. a. O. p. 242 ff.
**) Ostfriesisches Landrecht 1746 p. 872.

Ländereien kommen lässt, so hätte er statt des zwölften mindestens das elfte Jahrhundert nennen müssen. Ja Hamelmann*) berichtet, dass Graf Otto von Oldenburg „die Friessländer (d. i. Rüstringer) gegen das wütende Seewasser mit hohen Deichen und Dämmen herrlich verwahret, zu dero Behuf auch Besichtiger und Deichgeschworene verordnet, ferner auch den Schlicker Siel mit den kupfern Thüren bey Briddewarden .... gelegt habe, der hernacher Anno 1218 den 17. November wiederumb eingebrochen etc." Das soll um 980 oder 948 geschehen sein.**) Nach Visbeck (l. c. p. 100) sind die Deiche in Osterstade wahrscheinlich um 1020 angelegt. Dagegen ist nicht zu zweifeln,***) dass die Wurster Seemarsch schon lange vor Karls des Grossen Zeiten eingedeicht und bewohnt war.

Mag die Kunst des Deichens auch zuerst bei den Friesen gewesen sein, so lässt sich doch nicht bezweifeln, dass sie von da alsbald zu den benachbarten Chauken überging, und wir brauchen nicht anzunehmen, dass deshalb friesische Colonien in grösserer Zahl in das Chaukenland zwischen Ems und Weser gekommen seien. Wir müssen mit J. Grimm †) der Ansicht sein, dass die Friesen und Chauken allerdings sehr nahe Stammverwandte waren, dass aber die letzteren, wenn sie auch theilweise aus später zu besprechenden Gründen den friesischen Namen auf sich übertrugen, dennoch sich im Ganzen unvermischt erhielten. J. Grimm sagt: „vernichtet worden sein kann der mächtige chaukische Stamm nicht: er wechselte bloss die Benennung". Nach Grimm sind nur die Westfriesen eigentliche Friesen.

---

*) Oldenburgisch Chronicon 1599 p. 18.
**) Visbeck a. a. O. p. 23.
***) Vergl. H. A. Schumacher im Bremischen Jahrbuche 1866 II. 2. p. 521.
†) Geschichte der deutschen Sprache p. 678.

Doch nun wollen wir die beiden Volksstämme im Einzelnen genauer besprechen.

a. Die Chauken.

Der Name der Chauken hat bei den alten Schriftstellern folgende Formen: Chauci, Καῦχοι, Cauchi, Caūci (Claudian.), Cayci (Lucan.), Haci. Im Angelsächsischen finden wir: *) Hôc, Hôkingas (ahd. Huochingus, Pertz monum. 2, 590.), Hûgas, Hygelâc (bei den fränkischen Annalisten Chochilaicus). Die Ditmarschen, welche den Chauken angehörten, nannten sich zur Zeit Karls des Grossen noch manchmal Hugen.**) J. Grimm meint, es liege in dem Namen das gothische hauhai, adh. hôhê, die erhabenen, oder das gothische Wort hugs (νοῦς) und Hugas sei sapientes. M. Haupt will den Namen der Chauken von dem ahd. houc, altnord. haugr (collis, tumulus) ableiten, weil sie auf Warfen wohnten, so dass derselbe ebenso zu erklären sein würde, wie der des Landes Wursten ***) und Würden †). Ich leite den Namen anders ab; s. darüber unten.

---

*) vgl. J. Grimm l. l. p. 674.
**) G. Waitz, Deutsche Verfassungsgeschichte 3, 108.
***) Wursten = Wurtsaten, Bewohner der Wurten. Der Name der Bewohner ist dann zu dem des Landes geworden, ähnlich wie bei Holstein = Holsten, d. i. Holtsaten. J. Grimm a. a. O. p. 783. -
†) Den Chaukennamen könnte man auch aus dem altfriesischen Worte hokka (vgl. Richthofen's altfriesisches Wörterbuch s. v. hokke) entstanden glauben, wofür im Mittelniederd. sich hoicke findet, im älteren Niederländ. heycke, huycke, im jetzigen huik. Dieses Wort bezeichnete wahrscheinlich einen mit einer Kapuze versehenen Mantel. Im Neufriesischen findet sich das Wort noch und zwar in den Formen hokk, hokke, heike, heiken, hoike und bedeutet nach Stürenburg (Ostfriesisches Wörterbuch p. 85. 90. Vgl. Wiarda zu den Willküren der Brokmänner p. 166) einen grossen Mantel, besonders einen Schäfermantel; er vergleicht engl. huke, franz. huque, mlat. huca, holl. huik, was ostfriesisch rägenkleed (Trauerschleier, Trauerkleid) sei; wie er angibt, haben selbst die Araber das Wort heike als Bezeichnung eines Schäfermantels. Ueber den Ditmarsischen Hoiken vergl. Dahlmann's

Die Chauken treten zugleich mit den Friesen in der Geschichte auf. Nach Unterwerfung der letzteren zog Drusus auch gegen die Chauken zu Felde, welche aus mehreren kleineren Völkerschaften bestanden und durch die Weser in die Chauci majores und minores getheilt wurden. Hieron. Völkel*) sucht nachzuweisen, dass der Ausdruck Chauci minores das Stamm- oder Kernvolk bezeichne, dagegen Chauci majores die kleinen verbündeten Völkerschaften, und dass die Chauci majores zwischen Ems und Weser, die Chauci minores zwischen Weser und Elbe wohnten. Andere nehmen das Umgekehrte an. Völkel sagt p. 68 von den Gränzen des Chaukenlandes, dieselben würden etwa einer Linie entsprechen, welche von der Mündung der Ems nach Süden längs des Flusses bis in die Gegend gezogen werde, wo Weener liege, von da nach Hausberge an der Weser, von da am westlichen Ufer derselben nach Norden bis dahin, wo die Aller in die Weser münde, dann östlich über Visselhövede, Wolterdingen, Salzhausen bis zur Mündung der Luhe in die Elbe, von hier bis zur Mündung der Elbe und von da wieder bis zum Ausfluss der Ems. Sonach würden nach der späteren

---

Neocorus 2, 588. Derselbe war eine Kapuze mit einem Schultertuche und wurde von Frauen und Mädchen getragen. Dass Volksstämme nach ihrer Tracht benannt sind, findet sich mehr; abgesehen von den Melanchlänen (Schwarzmänteln) des Herodot sind die deutschen Armalausi davon benannt, dass sie Kleider ohne Aermel trugen (J. Grimm, Geschichte d. d. Sprache p. 499 f.), wie auch vielleicht die Chatten nach J. Grimm (a. a. O. p. 577) ihren Namen von einer eigenthümlichen Kopfbedeckung erhielten. Jedoch ist es wahrscheinlicher, dass in unserem Falle der Name des Kleidungsstückes von dem Namen des Volkes, bei dem dasselbe wohl besonders üblich war und verfertigt wurde, herstammt, wie vielleicht die Benennung Fries für eine Art Zeug von dem Volksnamen der Friesen und das Wort Kotze, welches in Franken einen groben Oberrock der Bauern bezeichnet, von dem Volksnamen der Gothen, die im Ahd. Kôzâ heissen. (Die hoike = Mantel findet sich auch in Scheller's Shigt-Bôk p. 294 und in Reinke de Vos ed. Lübben p. 296.)

*) De Chaucorum sedibus. Berl. 1852. p. 16 21.

Bezeichnung zum Chaukenlande gehören: Ostfriesland, Oldenburg, ein grosser Theil des Bisthums Münster, die Grafschaften Hoya und Diepholz, der nördliche Theil des Bisthums Minden, das Herzogthum Bremen und Verden und der nördliche Theil des Fürstenthums Lüneburg.

Es wird von Zosimus (3, 6) erzählt, dass die Chauken,*) ein Theil der Sachsen, von diesen zur Zeit des Kaisers Julian (361—63 n. C.) ausgesandt seien, um das römische Gebiet (das Land der Bataver) anzugreifen. Etwa 40 Jahre später lässt sie Claudian. de laud. Stilich. 1, 225 das östliche Rheinufer inne haben. Wieder ungefähr 50 Jahre nachher kennt sie wahrscheinlich noch Sidonius Apollinaris **) und damit verliert sich um die Mitte des fünften Jahrhunderts der Name der Chauken fast gänzlich, aber offenbar nicht deshalb, weil sie aufhörten zu existiren, sondern weil sie in dieser Zeit in die Völkerverbindung der Sachsen getreten waren und zu den Sachsen gerechnet wurden.***) Die Sachsen geriethen seit dem sechsten Jahrhundert in Kriege mit den Franken†), die mit abwechselndem Glücke von ihnen geführt wurden, und erreichten gegen Ende des siebenten Jahrhunderts die höchste Stufe ihrer Macht. Seitdem aber Pippin von Heristall an die Spitze der Franken kam, kämpften die Sachsen nicht mehr mit so glücklichem Erfolge und mussten endlich Karl dem Grossen unterliegen.

Wann die westlich von der Weser wohnenden Nord-Chauken sich von der Völker-Verbindung der Sachsen

---

*) die er mit den Quaden verwechselt; s. Zeuss, die Deutschen und die Nachbarstämme p. 382. Wiarda, ostfriesische Geschichte, 1, 30. Reitemeier (vgl. die Stelle in J. Bekkers Ausgabe des Zosim.) ist mehr dafür, dass Κουάδους mit Χαμάβους verwechselt sei.
**) Vgl. Zeuss a. a. O.
***) Vgl. Zeuss p. 383. Wiarda a. a. O. p. 37 ff.
†) A. Buchner, die deutschen Völkervereine, ihre Bestandtheile und Entstehung p. 70. Schaumann, Geschichte des niedersächsischen Volkes p. 31 ff.

trennten und den Friesen anschlossen, lässt sich nicht genau angeben. Es mag gegen die Mitte des sechsten Jahrhunderts geschehen sein. *) Ihr Name taucht sonder Zweifel noch einmal auf in dem angelsächsischen Beowulfliede, welches nach Grein spätestens um das Jahr 700 entstanden ist. Dort wird erzählt, wie der König der Geaten (in der schwedischen Landschaft Gothland) Hygelak mit seinem Neffen Beowulf einen Plünderungszug in das Land der Friesen unternahm. Ihm stellte sich das vereinte Heer der Friesen, Hätvaren (Chattuarii) und Hugen (Chauken) entgegen und siegte. Hygelak ist der von fränkischen Annalisten um 517 n. C.**) erwähnte Chochilaicus. Der Kampf fand wahrscheinlich an der Mündung des Rheins statt. ***) Ebenso ist der Name der Chauken noch zu finden in dem mit dem Beowulfsliede gleichzeitigen angelsächsischen Travellers song, wo sie Hokinge heissen †) und Hnäf als ihr Herrscher genannt wird.

Allmälig theilten nun die Chauken seit dem sechsten Jahrhundert mit den Friesen Namen, Gesetze und politische Organisation.

Der Name der Chauken ist nur noch in wenigen Spuren vorhanden. Ich finde ihn noch in der Bezeichnung des westfriesischen Ortes Hachense (Grimm, deutsche Sagen Nr. 450), des friesischen Gaues Huchmerchi oder Hugmerchi (d. i. Hugen- oder Chaukenmark) ††), der sich nach Ledebur von der Lauwers bis nördlich über Delfzyl erstreckte.

---

*) Wiarda, ostfr. Geschichte 1, 52.
**) Dahlmann, Geschichte von Dänemark 1, 17.
***) Vergl. Grein, die historischen Verhältnisse des Beowulfliedes p. 273 f.
†) Vergl. die unter dem Titel Scôpes vîdsidh (Sängers Weitfahrt) erschienene Ausgabe von L. Ettmüller (Zürich, 1839) v. 29 und die Anmerkung dazu.
††) Vergl. Wiarda a. a. O. p. 51. Ledebur, die fünf Münsterschen Gaue und die sieben Seelande Frieslands (Berlin 1836) p. 7. 18. 70. J. Grimm R. A. p. 496.

Reichard (Germanien unter den Römern p. 40) will das Wort Cuxhafen, J. Möser sogar Quakenbrück davon ableiten.*) Näher liegt dem Namen das Wort Haukenwarf, welches einen Hügel bei Oldorf im Oldenburgschen bezeichnet**), der Name des Orts Huchting im westlichen Stadtgebiet von Bremen, Huweghenborch (d. i. Ukenborg) in Ostfriesland***), Hooksiel in Jeverland, von den Wangeroogern Hauk genannt †), Hosingweer in Ostfriesland, entstanden aus Hokingweer, da im Altfriesischen k sich gern in einen Zischlaut umwandelt ††); dahin gehören die in den Ann. Fuld. ad a. 852 erwähnten Hohsingi, welche in Nordthüringen in dem Gau Frisonefeld zwischen dem Hassegau und Schwabengau wohnen †††); es mochten eben chaukische Friesen sein. Danach ist auch der westfriesische Geschlechtsname Hodsinga zu erklären*†). Im Beowulfliede *††) wird Hildburg, die Tochter Hoke's, als Gemahlin des Friesenfürsten Finn genannt. Damit stimmt der friesische Frauenname Houkia *†††), Houke, Hawke, Auke, Euke, Gayke bei Cadovius Müller †*), Hoike bei Ehrentraut (1, 334), ferner die Männernamen Hayka, Hayke, Ayke, Acke (Accumertief), Oyke, Goyke und

---

*) Vergl. H. Guthe, die Lande Braunschweig und Hannover, 1866. p. 192.
**) Ehrentraut in dem friesischen Archiv 1, 13.
***) Ledebur a. a. O. p. 30.
†) Ehrentraut l. l. p. 339.
††) z. B. tzerke = kerke, Kirche, tziesa = kiasa, kiesen, tzise = kise, Käse, tziust = kiust, Pelz, szivia oder tsivia = kivia, keifen, Edzard = Eckard, witsing oder wising = wiking (Seeräuber); aus kerl wird tzerl oder tzirl und mit Ausstossung des r sogar sjêl in dem Wangerooger Dialekt und sonst etc.
†††) Zeuss p. 359 gibt eine unrichtige Erklärung.
*†) Vergl. Clement, Reise durch Friesland, Holland etc. Kiel 1847. p. 80 und 79.
*††) Uebersetzung von Simrock p. 56.
*†††) v. Wicht, Vorbericht zu dem Ostfr. Landrecht p. 157.
†*) in dem Memoriale linguae Frisicae von 1691. (handschriftl.)

Gowkinga*), Gaiko, Gayeke, Heyko, Aiko**). Da sich das k im Friesischen so gern erweichte, so ziehe ich auch den Namen Hajo (= Hako) hierher; wird doch auf der tabula Peuting. als Namensform für Chauci auch Haci angegeben. Für Hajo finden sich auch die Formen Haye, Haje (davon Hajenwarf)***), Haie und mit Abstossung des Hauchlauts Oye†). Diese Abstossung sahen wir schon oben bei Ukeborg für Huweghenborch, so dass also Uko, Occo, Ocke und der Manns- und Frauenname Ocka wol ebenfalls hierher gehört. In Widukindi res gestae Saxon. II., 20 wird a. 939 ein Anführer der Sachsen Haica genannt und in dem Necrolog. Luneburg. ein Hoico a. 967.

b. Die Friesen.

Den Namen der Friesen geben die alten Schriftsteller so an: Frisii, Φρίσσιοι, Φρείσιοι, Φρίσσονες, Fresones, Frisones, Frisiones, Fresi; im Angelsächsischen lautet der Name Frisan, altnord. Frisar. Aus der Verdoppelung des σ und dem ει in Φρείσιοι ist zu schliessen, dass Frisii das erste i lang hat und nicht kurz, wie Zeuss p. 136 will††). Wahrscheinlich ist nicht i oder e allein ursprünglich in dem Worte,

---

*) ist offenbar das obige Hokinga; findet sich in Beninga's ostfries. Chronik p. 272 in einer Urkunde vom Jahre 1430.

**) Hamelmann, oldenb. Chronik p. 16.

***) Ehrentraut 2, 390. Vergl. oben Haukenwarf.

†) In einer Urkunde aus dem Oldenburgschen vom Jahre 1435 findet sich Oye Gayekessoen bei Ehrentraut 1, 500. Ich trage kein Bedenken, auch den Ortsnamen H o y a hierherzuziehen. Die Ableitung desselben von Hajo von Memmenburg, der 1071 die Hayenborch an der Weser gebaut haben soll, verwirft schon Hamelmann l. l. p. 46, der den Namen für viel älter hält. Uebrigens hiess Hoya in älterer Zeit Haoga oder Hogen; vergl. Grein a. a. O. p. 274, der auch schon den Namen der Hugen damit in Zusammenhang bringt. Guthe l. l. p. 138 führt als ältere Nebenformen an Hoge, Hoye, Hoie.

††) Venantius Fortunatus IX. 1 hat i lang: terror et extremis Frisonibus atque Suevis.

sondern ei und zwar nach altfriesischer Weise in zwei Silben ausgesprochen*). Den Namen erklärt Zeuss p. 136 aus goth. fraisan (tentare) als die Wagenden, Muthigen, J. Grimm**) aus einem von ihm angenommenen Adjectiv fris, die Freien, früher aus dem altfriesischen frisle (Haarlocke). Andere Ableitungen übergehen wir; unsere eigene wollen wir unten entwickeln.

Die Friesen kommen zuerst in der Geschichte der Züge des Drusus 12 v. C. vor und behaupten fortwährend dieselben Sitze von den Rheinmündungen bis zur Ems.***) Sie werden in Frisii minores und majores getheilt, jene westlich, diese östlich von der Yssel.†) Im Süden ihres Landes wohnten die Bructerer, und da wechselte die Gränze zu verschiedenen Zeiten, im Osten grösstentheils jenseits der Ems die Chauken. Die Friesen kamen unter die Herrschaft der Römer und blieben bis zum Untergange des abendländischen Kaiserthums unter derselben. Sie standen unter Stammfürsten; Tacitus nennt††) als solche Verritus †††) und Malorix; erst 689 erfahren wir wieder von ihrem König Ratbod, den Pippin von Heristall zur Unterwerfung zwang. Als die Friesen nach Pippins Tode wieder von den Franken abfielen, erschlug Karl Martell ihren Herzog Poppo in einem Treffen 734 und unterwarf das Volk den Franken.

---

*) Rask, friesische Sprachlehre, aus dem Dänischen übersetzt von Buss p. 31.
**) Geschichte der deutschen Sprache p. 669 f.
***) Zeuss l. l. p. 137.
†) Zeuss a. a. O. Vergl. Doorninck, de Frisiae terminis. Groning. 1836. p. 10 sqq.
††) Ann. XII., 29. Vergl. Waitz, d. Verfassungs-Geschichte I, 157. Anm. 6.
†††) Strackerjan, die jeverländischen Personennamen, Jever, 1864. p. 10 erklärt den Namen = Warhard, Werihard, da hard öfter im Friesischen in ît umgewandelt wird.

II. Ueber die Stammsage und den Namen der Friesen und Chauken.

a. Friesen.

Es wird von einem blinden friesischen Volkssänger Bernlef in der Umgebung des Bischofs Ludger von Münster um das Jahr 800 berichtet. Er sang die Thaten der Vorfahren und die Kämpfe der Könige, also epische Lieder, und war darum, wie erwähnt wird, seinen Nachbaren besonders lieb.*) Leider ist uns von solchen Liedern nichts erhalten. Auch von den Sagen, die sie behandelten, haben wir nur noch kümmerliche Reste. In den Chroniken **) wird erzählt, es seien in uralter Zeit ungeschlachte Riesen von dem Eiland Albion nach Friesland gekommen und hätten daselbst wilde Leute getroffen, vor denen sie wieder geflohen. Lange nachher sei eine grosse Menge Menschen aus Indien durch die Brüder Friso, Saxo und Bruno herbeigeführt, nachdem sie Alexander dem Grossen gedient; diese hätten sich besonders an dem Flusse Flevo niedergelassen und ihrem Gotte Stavo einen schönen Tempel gebaut. Saxo und Bruno seien weitergezogen, so dass Friso

---

*) Koberstein, Grundriss der Geschichte der deutschen Nationalliteratur 1, 75. Vilmar, deutsche Literaturgesch. p. 22. Grimm, deutsche Sagen II. p. XI.

**) Vergl. Chronicke ende warachtige Beschryvinge van Vrieslant. Von Ocka Scharlensis. Leeuwarden 1597. Chronique ofte historische geschiedenisse van Vrieslant. Door P. Winsemium. Franeker 1622.

allein das Land behielt, welches von ihm den Namen bekam*). Um Christi Geburt seien die Friesen unter ihrem Fürsten Asinga Askon**) zum Kriege nach Betavien (dem Lande der Bataver) ausgezogen. Was nun ferner erzählt wird von Diocarus Segon, Dibbald, Tabbo bis auf Ratbod und Karl den Grossen, hat für uns zunächst keine Bedeutung mehr.

Es wird also Friso als Stammvater genannt. Woher nun dieser und woher sein Name?

Wir finden, dass die alten Völker und ihre vornehmen Geschlechter die Neigung hatten, ihren Ursprung auf die Götter selbst zurückzuführen; so leiteten die Hellenen ihren Stamm ab von Uranos und Gäa oder von Zeus, die alten Gallier von Pluto***), die Skythen von Papai, dem Allgott (Herod. 4, 5), die Germanen von Tuisko †), dem aus der Erde geborenen, die Schwaben und Vandalen von einem göttlichen Stammheros ††); ein Gleiches mag es mit den Hermunduren und Hessen sein, welche letztere, wie es am glaublichsten scheint, nach einem Beinamen des Odin Höttr (pileatus) benannt sind †††). Auch die Langobarden nannten sich wahrscheinlich nach einem Stammheros

---

*) Nach P. Winsemius Chronik gibt Friso seinem Volke Gesetze und hinterlässt sieben Söhne und eine Tochter, Wimoda, nach welcher das Land bei Bremen benannt sei. Seinem Sohne Aesgo (= Asega) habe er die bürgerlichen Rechtsstreitigkeiten übertragen, seinem Sohne Schelto (= schelta, Schultheiss) dagegen die peinlichen Sachen (halssaeken).

**) bezeichnet ursprünglich offenbar den ersten von den Asen geschaffenen Menschen, welcher in der nordischen Mythologie Ask heisst.

***) Caes. b. G. 6, 18 ab Dite patre, was aber Zeuss p. 72 nicht auf Pluto, sondern auf einen keltischen Dis beziehen will, der dem deutschen Tiu, Tiusco entspreche.

†) richtiger Tiusco; s. Zeuss a. a. O. W. Müller, Geschichte und System der altdeutschen Religion p. 225.

††) J. Grimm, deutsche Mythologie. 1835. p. 219.

†††) J. Grimm, Geschichte der deutschen Sprache p. 577 f. Anders A. Rassmann, deutsche Heldensage I. p. 15.

Langabard, was wieder ein Beiname Wodans ist, ebenso wie Gauts, welches der Name des Stammheros der Gothen war*).

Auch die alten Geschlechter pflegten ihren Ursprung von Göttern, namentlich Wodan abzuleiten. In der Edda im Hyndlalied**) sagt Freia zu Hyndla: „Lass uns im Sattel Sitzen und plaudern Und von den Geschlechtern Der Fürsten sprechen, Den Stämmen der Helden, Die Göttern entsprangen"; und nachher: „Die Reihen der Ahnen Rechne nun her Und die entsprungnen Geschlechter der Fürsten. Wie ist's mit den Skiöldungen? Wie mit den Skilfingen? Wie mit den Oedlingen, Wie mit den Ylfingen?" (Uebersetzung von Simrock p. 105.) Von Skiöld wird dann (p. 307) erzählt: „Skiöld hiess ein Sohn Odins, von dem die Skiöldunger stammen etc."***) Das alte schwedische Königsgeschlecht der Ynglingen wurde in Namen und Ursprung von Yngvi — Freyr (d. i. der edle Freir) hergeleitet (Zeuss p. 74).

Ebenso nehme ich an, dass Friso, der Stammheros der Friesen, nach dem Gotte Frei (altnord. Freir, Genit. Freis) benannt sei. Abgesehen von der sprachlichen Aehnlichkeit — wahrscheinlich lautete der Name ursprünglich Freiso (s. oben) — scheint mir Folgendes dafür zu sprechen: 1) in dem angelsächsischen Wanderers-Lied (Travellers song; s. oben) heisst es: „Oswine waltete der Eowen und der Yten Gefwulf, Finn Folkwalding des Friesenvolkes†). Sigehere am längsten der Seedänen waltete, Hnäf der Hokinge, Helm der Wulfinge." Im Beowulfliede ††) heissen

---

*) W. Müller a. a. O. p. 181.
**) Vgl. Munch, das heroische Zeitalter der nordisch-germanischen Völker. Uebersetzt von Claussen. Lübeck 1854. p. 4 ff.
***) Vergl. J. Grimm, Mythologie p. 218 ff. Zeuss p. 73. W. Müller l. l. p. 281. 299 ff.
†) ed. Ettmüller p. 2. Fin Folcwalding Fresna cynne.
††) Vergl. Grein, die histor. Verhältnisse des Beowulfliedes p. 269 ff.

Finn's Unterthanen bald Friesen (d. i. Nordfriesen), bald Eoten, d. h. Jüten. In Jütland hatte er eine Burg Finnsburg, hier weilte bei ihm Hnäf mit 60 Mannen; treulos überfiel er diese; Hnäf blieb; trotzdem hielten sich die übrigen unter dem tapferen Hengest. Hildeburg, Hoke's Tochter, wahrscheinlich die Schwester des Hnäf und die Gemahlin des Finn, trauerte tief auch um die eignen getödteten Söhne. Finn wurde nachher von den Skildingen*) im Rachekampfe erschlagen und die Königin gefangen genommen.

Nun finden wir in den von J. Grimm im Anhange seiner Mythologie mitgetheilten angelsächsischen Stammtafeln Finn als Vorfahren Wodans, indem sein Sohn Friduwulf, dessen Sohn Freawine (oder Frealaf), dessen Sohn Friduwald und dieser der Vater Wodans genannt wird. Nach W. Müller's durchaus begründeter Vermuthung (a. a. O. p. 270 f.) sind Friduwulf, Frealaf (Freawine), Friduwald eben weiter nichts als eine und dieselbe Person und zwar Freir. Es mögen ursprünglich Beinamen des Gottes gewesen sein.

Da nun Finn der sagenhafte König der Friesen ist (s. unten), so passt es sehr gut, wenn man diese nach seinem Sohne Freir benannt sein lässt.

2) Ich glaube ausserdem etwas anführen zu können, wodurch jene Annahme noch mehr an Wahrscheinlichkeit gewinnt. Der friesische Gott Fosite, welcher, wie man mit Recht meint**), der nordische Forseti ist und auf der Insel Helgoland verehrt wurde, scheint mir identisch mit Freir zu sein, welcher nämlich auch Fro oder Frö hiess. Dieser Name ist nun mit dem altfriesischen sith (der Gefährte, Begleiter) zusammengesetzt, ähnlich wie Saxnôt, wo nôt Genosse bedeutet. Es würde also eigentlich Frosith lauten.

---

*) d. i. den Dänen, so benannt nach ihrem Königsgeschlecht der Skildinge (altnordisch Skiöldungar).
**) J. Grimm, Mythologie p. 144. W. Müller a. a. O.

Hieraus kann a) durch Versetzung des r Forsith und daraus durch Assimilation Fossith, Fosith geworden sein; eine ähnliche Umstellung des r findet sich z. B. in dem Worte trup (Dorf) und altfries. thorp, therp, im Angelsächsischen thorp und throp, in Tropf und altfries. thorp (Tölpel, mhd. dörper, dörpel), in altfries. ord (Spitze) und altnord. oddr, altfriesisch fruchta für Furcht und fürchten, fersk = frisch, ferst oder first = Frist, fersta = fristen, gers = Gras, ferdlos = friedlos, thruch = durch etc. Auch im Griechischen ist diese Versetzung des r häufig (Matth. Gr. §. 16, 2). Es könnte aber auch b) das r ausgestossen sein, was im Friesischen sowohl an einem Wortende (Rask, friesische Sprachlehre p. 38 f.), als auch sonst gern geschieht; so in dem nordfries. od = ord (Spitze), bei Cadovius Müller: oode = Ort, heest = Herbst, schude = Schürze, kaag = Kragen, fask = frisch, meehn = Morgen, thunsdy = Donnerstag (altfries. thunresdi), thuen = Thurm, ges aus gers = Gras, kess = Kirsche, gest = Gerste, ziehl = Kerl (s. oben), been = Kind (altfriesisch bern), bähde = Bart, bost = Brust etc.*) Besonders bemerkenswerth ist, dass im Fries. aus dem Namen Fridecho (aus der Kernform Friddo) das zusammengezogene Ficcho, Ficco wird, welches urkundlich für Friedrich steht.**) Also konnte aus Frosith leicht Fosith werden. Da trifft es sich nun wunderbar, dass wir in der nordischen Mythologie einen mit Freir identificirten Nata Frö haben, wo nata doch wol nur in demselben Sinne, wie nôt in Saxnôt genommen werden kann, so dass es dasselbe ist mit Frö sith. Dass in unserem Falle aber für das altfriesische nât das Wort sith genommen ist, welches eigentlich Reisegefährte bedeutet, kann dadurch erklärt werden, dass der auf der

---

*) Das Ganze ähnlich bei J. Grimm, Mythologie p. 145, wo auch ahd. mosar = morsar verglichen wird.

**) Strackerjan a. a. O. p. 23. Vgl. besonders auch Clement, Reise durch Friesland etc. p. 78 f.

Insel Helgoland verehrte Fro ohne Zweifel von den Seefahrern hauptsächlich als schirmender Begleiter gewünscht und für die Seefahrt sein Schutz erfleht wurde. Denn warum hätte sonst der Gott auf jener entlegenen Insel einen Tempel haben sollen? Friesische Seefahrer kamen aber gewiss häufig dorthin; liegt die Insel doch ziemlich in der Mitte zwischen Nordfriesland und dem eigentlichen Friesland. Auch würde dafür der Umzug mit dem Schiffe sehr gut passen, der in Ripuarien vielleicht an einem Feste des Freir stattfand (W. Müller l. l. p. 273), ebenso der Umstand, dass ihm der Mythus ein Schiff beilegt, in welchem man stets mit gutem Winde fährt, und welches, wenn es gebraucht ist, wie ein Tuch wieder zusammengelegt werden kann (l. l. 265). Auch das ist unserer Annahme günstig, wenn erzählt wird, dass ihm Schiffer Geld und drei Tonnen Bier geloben, wenn sie nach Schweden, wo er besonders verehrt wurde, kommen sollten (l. l. 270)*). Es bot Fosites heilige Insel ausserdem auch ein Asyl gegen Seeräuber. Adam von Bremen berichtet, dass sie diesen noch später für heilig galt (l. l. 88). So waren nachher bei den Friesen, wie auch überhaupt, die Kirchen Asyle.**) Da ein solches Asyl Freistatt, Friedstatt, angelsächsisch fridhûs, fridstov hiess, so passen auch in dieser Beziehung die oben angeführten Beinamen Fridhuwulf, Fridhuwald gut auf Freir, ebenso das dänische Fridhleifr (Fridlev).***) Das Wort Friede bezeichnete früher nicht sowohl die müssige Ruhe, als vielmehr den Schutz.

---

*) Die Sage von dem Dreizehnten, der die zwölf auf einem Schiffe fahrenden Asegen ans Land führt und sie das Friesenrecht lehrt (Grimm, deutsche Sagen Nr. 450), glaube ich mit mehr Recht auf Fro, als auf Baldur (Simrock, deutsche Mythologie p. 329) beziehen zu dürfen.

**) Wiarda zum Asegabuche p. 66. Vgl. die Gesetze der Brokmer §. 215 ff. J. Grimm, Rechtsalterthümer p. 886. v. Richthofen s. v. fretho.

***) Vgl. W. Müller a. a. O. p. 271.

Demnach würde anzunehmen sein, dass bei den Friesen entweder die Namensformen Frei und Fro neben einander bestanden, wie in der nordischen Mythologie Freir und Frö, oder dass bei ihnen die ältere Form Frei, die jüngere Fro war; scheint doch auch der Tempel des Fro auf Fositesland jüngeren Ursprungs zu sein, da wir die früheste Kunde über ihn erst dem heiligen Willibrord verdanken, der 739 starb. Wahrscheinlich war er erst gegründet nach der Einwanderung der Nordfriesen in Schleswig, also (nach Dahlmann) nach dem dritten Jahrhundert, um ihnen und den anderen Friesen zu gemeinschaftlichem Gebrauche zu dienen.

Ist nun Fosite zu erklären als schützender Begleiter Fro, so scheint daraus zu folgen, dass auch Saxnôt nicht zu nehmen ist als Schwertgenosse, indem man das Wort Sax nur für ein Appellativum hält, sondern auch hier wird Sax als Eigenname, also als Bezeichnung eines Gottes zu fassen sein. Saxneat erscheint in einer angelsächsischen Stammtafel als Sohn Vodens. Sax wird, wie man es von Saxnôt annimmt, identisch sein mit Tyr, dem nordischen Kriegs- und Siegesgott, angelsächs. Tiu, ahd. Zio. Die Quaden verehrten die Schwerter wie Gottheiten, ebenso die Alanen *). Auch der Schild wurde vergöttert; denn Skiöldr (Schild), welcher bald Wodans Vorfahre, bald sein Sohn genannt wird, heisst ausdrücklich Skanunga god, der hauptsächlich in Schonen verehrte Gott (J. Grimm, Mythologie 218 f.). Zu jener Ansicht über Sax stimmt vortrefflich, was J. Grimm von den Cheruskern sagt**), deren Name allerdings von heru d. i. Schwert abzuleiten sei, aber nur so, dass man sich dieses personificirt

---

*) Simrock, deutsche Mythologie p. 293. Amm. Marc. 17, 21 eductis mucronibus, quos pro numinibus colunt, juravere. W. Müller a. a. O. 69. 227. Vgl. Attila von A. Thierry, bearb. von E. Burckhardt p. 51 f. R. Haage, Geschichte Attila's p. 7.

**) Geschichte der deutschen Sprache p. 612.

denke; er nimmt also einen Gott Cheru an, gleich dem Kriegsgott Ero oder Er. Wie Cheru, Ero, Er, so muss also auch Sax eine andere Bezeichnung des Tiu sein, wovon dann das Volk der Sachsen seinen Namen erhalten *). Dieser mit Tyr identische Gott Sax konnte nun als Helfer und Genosse sehr wohl angerufen und bezeichnet werden; heisst es doch in der Edda (Simrock's Uebers. p. 258): „Da ist noch ein Ase, der Tyr heisst. Er ist sehr kühn und muthig und herrscht über den Sieg im Kriege; darum ist es gut, dass Kriegsmänner ihn anrufen."

Danach muss auch das räthselhafte tianut in den Rüstringer Gesetzen bei Richthofen p. 39, 19 erklärt werden, wo es heisst: „wenn man dem das Vieh raubenden Manne folgt mith skrichta and mith tianutrofte d. i. mit Geschrei und Tianutruf." Dieses tianut wird im mnd. Text gegeben durch ioduten zeter und wapeneropende (= altfriesisch wepinroft, Ruf zu den Waffen, mhd. wâfenruof). Ich erkläre das Wort Tianut aus Verschreibung für Tiunât d. h. Genosse, Helfer Tiu, ganz ähnlich dem Saxnôt. Es ist das Hülfegeschrei, wie es besonders in Kampf und Schlacht erschallen mochte, gerichtet an Tiu, den Kriegs- und Siegesgott. **)

Diesem entspricht das ioduten der Niedersachsen, wofür man auch jodute und to jodute***) sagte, wie auch de jedute†). Dieses ist wohl Tio = Tiu und duten mit einer der oben besprochenen ähnlichen Ausstossung des r = altsächsisch

---

*) Merkwürdig, dass auch tyr für Schwert gebraucht wird; s. Krâkumâl 3, 2.

**) Es ist bemerkenswerth, dass die oberste Gottheit der Tartaren Natagâi heisst und im Buddhaismus gewisse überirdische Wesen Nat genannt werden, wie auch dass Strabo 7, 316 ein illyrisches Volk Thunaten anführt. — Uebrigens will J. Grimm (Gesch. d. d. Spr. p. 508) auch das Wort Zeter mit Zio = Tiu zusammenbringen.

***) Vgl. das Wörterverzeichniss zu Scheller's Shigt-Bôk der Stad Brunswyk p. 295.

†) Visbeck a. a. O. p. 78.

drohtin, der Herr, welches im Altfriesischen drochten und drothen lautet und nur von Gott und Christus gebraucht wird; altnordisch heisst das Wort drottin. Hierher gehören auch die Jeduten-Berge in den unteren Wesergegenden bei Langen, Lehe, Wulstorf, Stotel, welche ohne Zweifel als Warten dienten, um nach den Seeräuberschiffen auszulugen und beim Anblick derselben den Hülferuf ertönen zu lassen. Visbeck a. a. O. erzählt von diesen 15—20 Fuss hohen Hügeln und sagt zugleich, dass früher in dortiger Gegend de jedute auch eine Betheuerungsformel und o de jedute ein Ausdruck der Verwunderung gewesen sei.*) Auch dieses passt gut zu meiner Erklärung. Auf jenen Hügeln wird auch ein Opferplatz für den Gott Tiu gewesen sein, nicht minder auf dem Türlürsberge bei Bramstedt, von welchem Visbeck (p. 173 f.) berichtet.

b. Chauken.

Wenn die Römer das Wort mit der Aspirata schreiben, so wird das weiter nichts zu bedeuten haben, als dass der Laut ein h war, etwas schärfer gesprochen, als die Römer es zu thun pflegten; wir würden Hauci geschrieben haben **). Zu beachten ist, dass bei Lucan. 1, 463 gesagt wird: et vos cirrigeros bellis arcere Caūcos, wofür andere Lesarten: Caycos, Cachos, Caichos, Cauchos. Also sprach Lucan.: Ca-ūcus. Bei dem Dichter Claudian. de laud. Stilich. 1, 225 finden wir: ut jam trans fluvium non indignante Caūco (andere Lesarten: Cherucho, Caucho, Chauco, Cayco) und in Eutrop. 1, 279: Germanis responsa dabat legesque Caūcis (andere Lesarten: Cheruscis, Chaucis). Claudian also sprach das Wort ebenso wie Lucan. Danach werden wir als die älteste uns aufbewahrte Form des Volksnamens

---

*) Vgl. H. Allmers, Marschenbuch p. 194.
**) Zeuss p. 102. Anm. **)

das lateinische Ha-ûcus anzunehmen haben, in deutscher Form wahrscheinlich Ha-ûko oder Ha-yko, wie Saxo (Sahso), Franko (Franho) etc.*)

Ich halte dieses Wort für ein auf ähnliche Weise zusammengesetztes, wie Hermunduri**), welches aus hermun und duri gebildet ist. Wie Hoke dem Worte Hoking (s. oben), so liegt das Wort Duri dem Worte Thüringen zu Grunde; für welches sich folgende Formen finden: Thuringi, Toringi, Thoringi, Duringâ, Düringe. Das andere Wort hermun ist auch in dem Namen des thüringischen Königs Irmenfried und in Ermanrich. Da nun hermun***) in der Zusammensetzung mit einem anderen Worte gern etwas Grosses, Starkes, Hohes, Hehres bezeichnet und da, wie wir gesehen, die alten Völkernamen von Göttern abgeleitet zu werden pflegen, so spricht Alles dafür, in dem zweiten Worte der Composition (Duri) den Namen eines Gottes zu vermuthen. J. Grimm nimmt die Form Tur

---

*) J. Grimm, deutsche Gramm. 1, 777.

**) Ἑρμόνδοροι, Ἑρμούνδουροι. J. Grimm, Gesch. d. deutsch. Sprache 596 f. Zeuss p. 102.

***) J. Grimm, Gramm. II, 448. Andere Formen sind ahd. ermun, erman, irmin, goth. airman, auch wohl das altsächs. heru in Compositis; vgl. die griechischen Präfixe ἀρι und ἐρι, das skr. arya, altb. airya, altpers. ariya, welches „arisch" bedeutet, wovon aber die Grundbedeutung ist: „würdig" (vgl. Spiegel, die altpers. Keilinschriften p. 184). Jenes dunkle Wort hat ursprünglich vielleicht ein göttliches Wesen bezeichnet und später nur noch die adjectivische Bedeutung (sehr gross, erhaben, hehr) beibehalten. In Begriff und Abstammung gleicht es dem griechischen ἱερός. Wer sollte bei dem altnordischen iörmun — gandr (serpens maximus) nicht an Homers ἱερὸς ἰχθύς, bei eormen — grund (terra) im Beowulfsliede nicht an Sophokles ἱερὰ γᾶ, bei dem Eigennamen Irman — degan nicht an ἱερὸν μένος Ἀλκινόοιο denken? Man hat einen deutschen Kriegsgott Ir oder Er entdeckt, den man mit Irmin für identisch hält (J. Grimm, Mythologie p. 210. W. Müller p. 294), auch den Armeno, welchen Nennius als Stammheros der Herminonen nennt, herangezogen, von dem doch gewiss der Name Arminius nicht zu trennen ist, zumal da die Cherusker zu den Herminonen gehörten; aber unsere Mythologen haben, so viel ich weiss, noch nicht die merkwürdige Erzählung, womit Plato seine Republik schliesst, be-

Turi oder Dur Duri an*), Zeuss die Form Thur Thor.
Wenn in dem altnord. Namen des Kriegs- und Siegesgottes
Tyr das r, wie in Freyr, auch nicht organisch ist (der
Plural lautet tyvar), so trage ich doch kein Bedenken, den-
selben in dem Namen der Hermunduren anzunehmen.
Saxo hat für Angantyr Anganturus und bemerkenswerth
ist, dass ein friesischer Häuptling Tyrling Addinga heisst**)
(c. 1322).

Was nun die Chauken betrifft, so nehme ich an, dass
ihr Name aus dem altfriesischen Adj. hach, hag (hoch)
und einem alten Namen des Donnergottes zusammengesetzt
ist, ganz wie in dem bei Saxo sich findenden Personennamen Hagbarthus, welche Benennung eigentlich Odin zu-
kommt, der in der Edda Langbardhr (Langbart) heisst,
wie er auch Hâr (der Hohe) genannt wird. Der Name
jenes Donnergottes wird Uko gewesen sein. Die Finnen
verehrten den Donnergott Ukko oder Ukko Taran***),
welchem, wie dem Thor, Hammer und Eisenhandschuhe
beigelegt wurden. Bei den schwedischen Lappen findet
sich ein Gott Tjermes oder Auke mit einem Hammer. Der
Donnergott hiess bei den alten Preussen ausser Perkunos

---

achtet, die Erzählung von dem Sohne des Armenios, dem Pamphylier
Er, welcher ein starker Mann war, der, nachdem er im Kriege seinen
Tod gefunden, am zwölften Tage auf dem Scheiterhaufen liegend wieder auflebte und nun viel Seltsames erzählte, was er in der Unterwelt
erfahren. Die Uebereinstimmung der Namen ist zu gross, als dass sie
zufällig sein könnte. Wir sehen, dass Er und Irmin oder Armin in die
Ursage des Arischen Geschlechts gehören. — Zeuss p. 23 meint, dass mit
dem Namen Er Ἄρης zusammenfalle.

*) Geschichte der deutschen Sprache p. 597.
**) Suur, die Häuptlinge Ostfrieslands p. 69.
***) W. Müller p. 235. Die Gallier verehrten den Taranis oder
Taranucnus, was offenbar dasselbe mit Taran Ukko ist. Taran heisst
im Wälschen Donnerschlag. Dieses Wort scheint mir in Tarnkappe zu
liegen, welche also ursprünglich den Mantel des Donnergottes d. i. die
Wetterwolken bezeichnen würde. Das Wort Tarn könnte von den Fin-
nen entlehnt sein, die für Zauberer galten (Simrock, Mythol. p. 310).
Anders ist die Auffassung in der κυνέη Ἄιδος.

auch Oko — Pioruna oder Okkopirnos; so auch bei den Letten Okkapirmas und Okkupernis. Ein preussisch-litthauisches Jahresfest dieses Gottes hiess Okkaatgimimas *). Mit ihm wird auch der nordische Aukathor zusammenzustellen sein. Vielleicht hängt damit auch der Name des grausenvollen, von Zwergen geschmiedeten Schwertes der altdeutschen Heldensage Uokesahs (in der Vilkinasage Eckisax) zusammen, in der Wurzel welches Wortes (ôg, ahd. uog) J. Grimm den Begriff des Grausenvollen finden will **), der auch für den Namen des Donnergottes passen würde.

Demnach nehme ich als ursprüngliche Form des Namens der Chauken Hagûko an, ganz entsprechend dem oben statuirten Ha-ûko. Die im Altnordischen für hoch sich findende Form hâ würde die leichteste Erklärung bieten; aber auch die angenommene altfriesische Form Haguko macht keine Schwierigkeiten. In diesem Worte wurde das g, wie es die Friesen überhaupt liebten ***),

---

*) Hanusch, slawische Mythol. p. 213 ff. 228.

**) Myth. p. 146. Er vermuthet, dass der Riese Ecke oder Uocke der nordische Riese Oegir sei, den die Asen so nannten, während er unter den Riesen (Joten) selbst Hlêr hiess. Der älteste Name der Stadt Leer ist Hleri (Zeuss p. 399), vielleicht davon entstanden, dass dort Hlêr, der Gott des Meeres, verehrt wurde (etwa auf dem Plitenberge, einem künstlichen, 80 Fuss hohen Hügel, westlich von Leer). — Dem Riesen Ecke oder Uocke möchte bei den Finnen der Riese Jouk-lawainen entsprechen. Sollte vielleicht auch der altpersische Name des medischen, von den Griechen Kyaxares genannten Königs Uvakhsatara in den ersten zwei Silben damit zusammenhängen (F. Spiegel, die altpers. Keilinschr. p. 190)?

Ich will hier gleich noch erwähnen, dass bei Esens in Ostfriesland auch ein Nobiskrug ist. Vgl. darüber W. Müller p. 400 f. Simrock, Myth. p. 160.

***) Vgl. J. Grimm, Gramm. 1, 278 f. Rask p. 32 f. Geld heisst altfries. jeld, Gabe jeva, Gilde jelde oder jold, gegen jen, Gerte jerde etc. Das auslautende g wird bei vorausgehendem e zu i, als: dei (Tag), mei (mag), wei (Weg). Auch inlautend finden wir weja für wega (bringen), heja (hegen). So tritt für gg oft das mildere dz ein, wie sedza neben sega (segga) sagen, lidza neben liga (ligga) liegen etc.

wahrscheinlich recht weich, fast wie j ausgesprochen, woraus sich denn auch die verschiedenen oben unter I. a) a. E. angeführten Wortformen leicht erklären würden.

Von der Verehrung des Donnergottes bei den Chauken ist vielleicht noch eine kleine Spur vorhanden. Cadovius Müller hat in seinem Wörterverzeichnisse (er selbst nennt es: Oist Frisische Vocabula) Folgendes: „di Tiuffel, drommel = der Teuffel". Nun heisst im Altnordischen thruma der Donner, wovon auch der im Thrymskwida vorkommende Riese Thrym benannt wird, der nach Simrock's Bemerkung (Edda p. 373) mit Thor identisch und ein älterer Naturgott ist. Auch jetzt noch sagt man in Ostfriesland: „hâl di de drummel!" oder auch: „dat is en drummelsjung" (das ist ein Teufelsjunge).*)

Ich kann hier die in altnordischen Quellen enthaltene Notiz nicht unerwähnt lassen, wonach Vidfinr der Vater von Hiûki und Bil ist**), welche der den Gang des

---

*) Wenn ich hier und da den Götterglauben nichtdeutscher Völker herangezogen habe, so ist das keineswegs deshalb geschehen, weil ich etwa glaubte, dass das eine Volk von dem anderen einfach Götter entlehnt habe, sondern weil ich in dieser Beziehung Windischmann beistimme, welcher in seiner Abhandlung über die Ursagen der arischen Völker p. 3 f. (in den Abhandl. der Münchener Academie der Wiss. VII. 1) sagt: „wie sich in der Sprachvergleichung der einzig richtige Grundsatz allgemeine Geltung verschafft hat, dass in einer grossen Völkerfamilie, wie z. B. die arische, die ursprüngliche Sprache derselben sich bei den einzelnen Stämmen mit mehr oder minder Reichthum und Kraft, mit eigenthümlichen, aus der besonderen Fortbildung der Nationen herrührenden Vorzügen und Nachtheilen entwickelt hat — so sollte es auch in der vergleichenden Mythologie der Fall sein. Die gemeinschaftliche Ursage hat sich, wenn auch lange nicht mit der Vollständigkeit, wie der alte Sprachschatz, und weit mehr der Umwandlung unterworfen, bei den verschiedenen Völkern erhalten und fortgebildet, wobei freilich locale und historische Einflüsse viel mächtiger gewirkt haben, als bei der Sprachentwickelung."

**) Simrock's deutsche Mythol. p. 23. J. Grimm, Myth. p. 410. J. Grimm kann p. 415 das Wort stelbôm für Hesperus nicht erklären. Es ist das griechische $\sigma\tau\acute{\iota}\lambda\beta\omega\nu$, welches den Planeten Merkur, aber auch Venus bezeichnet.

Mondes lenkende Mani von der Erde nahm, als sie vom Brunnen Byrger zurückgingen; sie begleiten nun immer den Mani und man kann sie von der Erde sehen. In Vidfinr, Widfinn, liegt meines Erachtens der Name des alten sagenhaften Friesenkönigs Finn. Es gab nämlich im südlichen Schweden eine über Halland an der Nisse liegende Landschaft, welche Saxo Finnia nennt, wie die Bewohner Finnenses, während Adam von Bremen letztere durch Finwedi bezeichnet und neben den Bewohnern von Wermeland aufführt*). Das Wort Finnen, ohne Zweifel ein deutsches, ist abzuleiten vom gothischen fani, ahd. fanni, fenni, altnordisch fen, Sumpf, und die Finnen erhielten diesen Namen von den Deutschen**), indem sie selbst sich anders nannten. Also das Wort Finnen bezeichnet die Bewohner sumpfigen Landes. Ist nun bei Adam von Bremen jenem Namen noch wedi hinzugefügt, so ist dieses, wie ich nicht zweifle, vom altsächsischen widu, altnordisch vidr Holz, Wald abzuleiten, so dass es die in waldigem Sumpflande lebenden bezeichnen würde. In dem obigen Namen Vidfinr ist nun das Wort vid vorangesetzt, was natürlich so gut geschehen konnte, wie das bei Adam von Bremen sich findende Gegentheil. Wir sehen hiermit, dass Finn als Repräsentant der oben bezeichneten südschwedischen, nicht aber der eigentlichen Finnen aufgefasst wurde, wozu nun wieder sehr gut passt, dass Finn's Grossvater in den angelsächsischen Stammtafeln Geat genannt wird, welches der Stammheros der den südschwedischen Finnen benachbarten Geaten ist, denen Beowulf angehörte.

Aber was haben diese Finnen mit den Friesen zu schaffen, so dass Finn zu dem mythischen Könige derselben werden kann? Es hilft uns, wie ich glaube, hier auf die rechte Spur Ptolemaeus, welcher II. 11, 35 unter den Be-

---

*) Zeuss p. 504 f.
**) Zeuss p. 272.

wohnern von Skandia (Südschweden) auch die Φιραῖσοι aufführt; diese sind = Fresi, Friesen. Zeuss p. 504 meint, dass „in dem entstellten Φιραῖσοι" die Finnaithae, die Finwedi des Adam von Bremen verborgen seien. Ich halte das Wort kaum für ein wenig durch Zufügung des ersten ι entstellt, welche aber leicht durch die Art der Aussprache bedingt sein konnte. Es findet sich in der betreffenden Gegend von Westgothland ein See Frisjö, den ich mit dem Namen Φιραῖσοι in Zusammenhang bringen möchte. Ich nehme demnach an, dass auch dort eine Völkerschaft wohnte, welche den Friesennamen führte, vermuthlich ein Theil des grösseren Volkes der südschwedischen Finnen oder auch mit diesen identisch (Ptolemaeus kennt nur die eigentlichen Finnen in dem europäischen Sarmatien); dieser Friesen Stammheros war der mythische Finn, den die Sage dann später auch den Nordfriesen verlieh, welche nach Dahlmann's Ansicht*) ja erst seit dem dritten Jahrhundert n. C. in Schleswig eingewandert sind. Nimmt man meine oben aufgestellte Etymologie des Friesennamens an, so erklärt sich leicht, wie auch in Schweden, wo Freir besonders verehrt wurde, sich ein Volk nach ihm benennen konnte.

Wir haben oben gesehen, dass Hoke, der Stammheros der Chauken, im Beowulfsliede zu Finn in verwandtschaftliche Beziehung gesetzt wird. Dasselbe geschieht in dem Mythus von Widfinn, welcher den Hiuke sogar zu einem Sohne desselben macht, ein Beweis, für wie nahe Verwandte Chauken und Friesen gehalten wurden. Ich bin geneigt, auch das andere, oben erwähnte Kind des Widfinn, seine Tochter Bil in eine ähnliche Beziehung zu bringen. In Sängers Weitfahrt v. 25 wird Billing Herrscher der Wernen genannt. Die Wernen oder Warnen wohnen um das Jahr 512 am Ostufer der Elbe im Süden der Dänen. Einige

---

*) Gesch. von Dänemark I. 16, Anm. 1.

Zeit nachher wird ein König der Warnen erwähnt. Später finden wir Warnen weiter im Süden, namentlich zwischen Saale, Bode, Unterharz und auch am Niederrhein*). Kaiser Otto I. bestellte, um sein sächsisches Herzogthum zu schützen, Hermann, den Sohn des Grafen Billing, zum Markgrafen über das überelbische Land (961). Die Billinge waren ein altes reiches Grafengeschlecht, dessen frühere Geschichte in Dunkel gehüllt ist. Sie hatten in Thüringen und besonders in Ostfalen grosse Besitzungen, besassen ausserdem im nördlichen Holstein und selbst am Rhein Güter**), also ganz in den alten Wohnsitzen der Warnen; es wird demnach nicht zu kühn sein, wenn ich annehme, dass sie Nachkommen des alten Herrschergeschlechts der Warnen waren. Der Name Billing deutet auf die Abstammung von Bil. Bil ist aber in obigem Mythus die Tochter des friesischen Finn und Schwester des chaukischen Hiuki. Beachten wir nun, dass die westlichen Nachbaren der von Billing beherrschten Warnen die Chauken (Hugen — Dithmarsen; s. oben) und Nord-Friesen sind, so liegt es nahe, den Stamm der Billinge auf jene mythische Bil als göttliche Ahnfrau zurückzuführen. In dem Mythus erscheint Bil als Mondgöttin; sie ist also mit der Lichtgöttin Berchta, deren Name die leuchtende, glänzende bedeutet, zusammenzustellen. Merkwürdig ist es nun, dass auch Berchta vielfach als die Ahnmutter vornehmer Geschlechter bezeichnet wird, an welche sich dann die Sage von der weissen Frau knüpft***). Dem Namen Billing würde also der in der deutschen

---

*) Vgl. Zeuss p. 360 ff. J. Grimm, Geschichte der deutschen Sprache p. 604 ff. p. 641.
**) Havemann, Geschichte der Lande Braunschweig und Lüneburg 1, 46 f. Schaumann, Geschichte v. Hannover und Braunschweig p. 46 ff.
***) W. Müller p. 126. Simrocks Mythol. p. 414. J. Grimm, Myth. p. 172. 219.

Heldensage vorkommende Name Berchtung ganz entsprechen*).

Uebrigens ist natürlich in dem Mythus die nahe Verwandtschaft der Friesen, Hugen und Warnen symbolisirt.

In einer gewissen Beziehung zu dem Chaukenlande steht nach meiner Ansicht die Erzählung von den **beiden Harlungen** und dem **getreuen Eckart**. Der Harlunge Vater wird in einer Sage König Harlung genannt, ein Bruder des Königs Ermenrich; sie selbst heissen Fritile und Imbrecke. Nun wird erzählt**), König Ermenrichs Marschall, der getreue Sibich, sei von diesem an seiner Ehre tödtlich gekränkt worden und habe — nunmehr der ungetreue Sibich — ausser anderem sich dadurch zu rächen gesucht, dass er den König Ermenrich beredete, „seines Bruders Kindern ihr Land und ein Schloss nach dem andern abzunehmen. Denn sein Bruder Harling hatte zwei Söhne zurückgelassen, die waren zwei junge starke Könige. Da war der getreue Eckart den zwei Königen zum Vogt und Zuchtmeister gegeben und war gesessen auf einer Burg unterhalb Breisach. Also schickt der König nach den jungen Harlingen, seines Bruders Kindern, und liess sie henken. Nun war zu derselben Zeit der getreue Eckart nicht daheim. Da nun der getreue Eckart das Geschehene erfuhr, da besetzte er alle Schlösser und befahl, dass man Niemand sollte einlassen. Da ritt Eckart zu Dietrich von Bern und klagte ihm die Sache. Da überlegten der Berner und Eckart die Uebelthat und fielen dem Kaiser mit Macht in sein Land etc." So findet sich die Sage in dem Anhange des Heldenbuchs. Andere ältere Quellen bieten erhebliche Abweichungen.

In dem angelsächsischen Lied vom Wanderer (aus dem siebenten oder achten Jahrhundert) heisst es: „ich

---

*) Simrocks Myth. p. 410 f.
**) Vgl. W. Grimm, deutsche Heldensage p. 295 und sonst.

suchte Hethka und Badeca und die Harlinge (Herelingas), Emerka suchte ich und Fridla und Ostgothen". In der Quedlinburger Chronik (geht bis 1025) werden die Harlunge Embrika und Fritla genannt. Im chron. Ursp. (bis 1126) heisst es: Est autem in confinio Alsatiae castellum Brisach, de quo omnis adjacens pagus appellatur Brisachgowe, quod fertur olim fuisse illorum, qui Harlungi dicebantur. Nach Saxo (c. 1160) sind die Harlunge Schwestersöhne des Ermanrich, die in Deutschland erzogen werden, und dieser lässt sie erdrosseln. In der Genealogia Viperti, comitis Groicensis, aus dem zwölften Jahrhundert findet sich: Emelricus, rex Teutoniae, comitem Ditmarum Verdunensem et Herlibonem Brandenburgensem fratres habuit. Herlibo tres filios, scilicet Emelricum, Vridelonem et Herlibonem, qui Harlungi sunt nuncupati, genuit.

Der Harlunge Vater heisst in späteren Sagenaufzeichnungen Harlung oder Harling, Diether, Aki Oerlungatrausti (Harlungenschutz) mit den Söhnen Aki und Etgard oder Otgard zu Fritilaborg; in der Vilkinasaga heisst Fritila der Pflegevater von Aki und Etgard.

Statt der zwei werden auch wol drei Harlunge genannt; sie besitzen viel Gold. Nach einer Sage lässt sie Ermenrich zu Raven (Ravenna) aufhängen.

Ihr Sitz ist gewöhnlich zu Breisach im Breisgau. In Oesterreich kommt eine Harlungeburg und ein Harlungevelt vor. Auch hiessen sie die jungen Könige aus Harlungeland.

In dem Gedichte Biterolf, dessen Verfasser wahrscheinlich noch im zwölften Jahrhundert lebte [*]), sind in der Umgebung der Harlungen Fritile und Imbrecke folgende Helden: 1. Wachsmut, der die jungen Könige zu Dietrich bringt, ihre Fahne von kleegrünem Sammt trägt und ihre Schaar leitet; 2. Hache, Vetter des Wachsmut, leitet mit

---

[*]) W. Grimm, Heldensage p. 128. 143 f.

ihm die Harlunge und führt Eckeharts Schwert (in anderen Gedichten wird auch ein junger Hache erwähnt); 3. Eckehart, Sohn des Hache; sein Ross heisst Rusche; 4. der alte Regentac, wahrscheinlich Hache's Bruder. Ausserdem werden noch Rabestein, Rimstein, Herdegen genannt.

Von diesen Harlungenhelden kommt sonst ausser Eckehart und Hache, der nur eben als Vater Eckeharts erwähnt wird, keiner in der deutschen Heldensage vor. Von Eckehart (dessen Name sich auch in der Form Eckeward und Heccard findet) wird im Alphart (13. Jahrhundert) gesagt, dass er zu Breisach seinen Sitz habe. Er ist der treue Pfleger der Harlungen und rächt ihren Mord an Sibich. In dem Anhange zum Heldenbuche*) heisst es: „Getrü Eckart ein held von Brisach von dem geschlecht der Harlinge, der was auch aus Elsas und Brüszgaw. Und do, kam ein keyser; der hiess keyser Ermentrich. Der selbe hieng die Harlinge. Dem selben Eckart wurdent empfolhen die jungen Herlinge; darnach schlug er keyser Ermentrich tzu tode. Man vermeinet auch, der getreu Eckarte sey noch vor fraw Fenus berg und sol auch do belyben biss an den jungsten tag, und warnet alle die in den berg gan wöllen". Ebenso wird von ihm in einer späteren Quelle**) gesagt: „Heccard. Den haben die Alten für ein Richter unter das Thor der Hellen gesetzt, der die Leut gewarnt und gelehrt, wie sie sich in der Hell sollen halten". Hier finden wir also eine Hindeutung auf den in der deutschen Volkssage lebenden treuen Eckart, der mit weissem Stabe vor dem wilden Heere einhergeht und vor Unglück warnt, oder welcher am Eingange des Hörselberges (Venusberg) mit seinem Stabe sitzt und alle, welche sich nahen, warnt, in den Berg zu gehen. In dem Berge wohnt Frau Holla, wie auch die Sage berichtet, dass die

---

*) W. Grimm a. a. O. p. 289.
**) W. Grimm a. a. O. p. 394.

wilde Jagd in demselben verschwinde*). In der Heldensage wird mehrfach erwähnt, dass Eckart von untreuen Menschen nichts wissen will oder sie gar verfolgt und straft**).

Der Vater Eckarts Hache ist der Sage nach ein Sohn Berchtungs, des Grafen von Meran, dessen treuer Obhut der sterbende Hugdieterich seinen jungen Sohn Wolfdieterich anbefohlen hat***). Berchtung hat sechszehn Söhne, von denen sechs in dem Kampfe Wolfdieterichs mit seinen Brüdern Wachsmut und Bogen erschlagen werden. Hache und Herbrand werden unter den übrigen vorzugsweise genannt. Hache wird von Wolfdieterich zur Belohnung an den Rhein gesetzt und erhält eine Herzogin zur Frau, mit der er zu Breisach auf der Feste wohnt und den Eckart erzeugt; ebenso bekommt der Bruder des Hache, Berchter, Meran, sein Bruder Berchtung aber Kärnthen.

Nun leiteten aber die Züringer Fürsten, in deren Geschlechte der schon 724 vorkommende Name Berchtolt üblich war, ihren Namen von Kärnthen (Caerinthia) ab und das uralte Breisach nebst dem Breisgau gehörte ihnen. Also dürfen wir den alten Berchtung als den Stammvater des Geschlechts betrachten, welchem die Gemahlin Karls des Grossen Hildegard, die Stammmutter aller nachherigen Karolingischen Kaiser und Könige, angehörte. In Schwaben aber wird erzählt, Berchtold ziehe weiss gekleidet auf weissem Pferde, weisse Hunde am Strick, der wilden Jagd vorauf und im Breisgau soll das Harlungengold im Burlenberge liegen, wie auch dort ein Venusberg nachgewiesen ist, vor welchem der getreue Eckart Wache hält; ebenso geht er warnend vor der wilden Jagd einher†).

---

*) Th. Grässe, die Sage v. Ritter Tanhäuser. Dresd. 1846. p. 5 ff.
**) W. Grimm a. a. O. p. 186. 144.
***) W. Grimm a. a. O. p. 231.
†) W. Grimm a. a. O. p. 233. Simrock, Myth. p. 217. 410 f. Vierordt, badische Gesch. d. Mittelalters. Tübing. 1865. p. 235 f. 168 f.

Ich will nun versuchen, meine Erklärung der Sage darzulegen.

In dem ältesten Berichte (s. oben) werden die Harlungen in angelsächsischer Sprache Herelingas genannt und ich stimme mit J. Grimm*) darin überein, dass die Herelingas Heruler sein müssen. Die Heruler**) waren ein gothisches Volk. Sie haben ihre Stammsitze am Südufer der Ostsee und zwar an der westlichen Spitze derselben; sie sind dasselbe Volk mit den Suardones. Zuerst wird eine Abtheilung von ihnen am Pontus erwähnt, die schon früh den Gothen gefolgt sein muss. Diese Heruler, welche ein Alarich beherrschte, vernichtete um die Mitte des vierten Jahrhunderts zum grossen Theile Ermanrich, die übrig gebliebenen mussten ihm unterthänig sein. Heruler kämpften im Heere Attilas in Gallien und brachen mit den deutschen Völkern die Macht der Hunnen. Nach Jornandes werden sie von den Dänen von der Ostsee vertrieben und treten um 480 in den Gegenden der oberen Theiss auf. Ihr König wurde von Theoderich geehrt und die neuangekommenen Langobarden standen unter ihnen. Allein ihre Macht wurde plötzlich vernichtet durch eine Niederlage, die sie von den Langobarden erlitten. Der übrig gebliebene Rest begab sich theils nach der Donau hin in die Nähe der Gepiden (512 n. C.), theils nach Skandinavien, um sich neben den Gauten in Südschweden niederzulassen. Jene Heruler in Unterpannonien erschlugen nach der Angabe des Griechen Procopius ihren König Ochon***), sandten aber bald nachher Boten an ihre Brüder in Skandinavien, um von ihnen wieder einen Herrscher aus ihrem königlichen Geschlechte zu erhalten. Diese schickten (um die Mitte des sechsten Jahrhunderts) unter

---

*) Geschichte der deutschen Sprache p. 472.
**) J. Grimm a. a. O. p. 458. 479. Zeuss p. 476 ff.
***) Der Name gemahnt an Occo (s. oben).

Führung der Gesandten den König Todasios mit seinem Bruder Aordos und auserlesener Mannschaft. Da schliesst sich der grössere Theil der Heruler nebst Todasios den Gepiden an und steht ihnen in ihrem Kriege gegen die Langobarden bei; ein kleinerer Theil kämpft auf Seite der Langobarden und Römer. Eine Abtheilung dieser Römer, erzählt Procopius, trifft unversehens mit Aordos, dem Bruder des Königs, zusammen und tödtet ihn nebst vielen Herulern. Alboin vernichtet dann mit Hülfe der Avaren die Macht der Gepiden und nun verschwindet der Name der Heruler bald aus der Geschichte.

Der tragische Untergang der beiden von den skandinavischen Herulern gesandten königlichen Brüder — denn dass auch Todasios mit umgekommen sei, kann nicht bezweifelt werden — war ganz dazu geeignet, von den Skalden besungen zu werden, und das Lied von den beiden Herulern verbreitete sich wol bald von Südschweden, wo das Volk an der Seite der Gauten wohnte, hinüber nach dem alten Stammsitze der Heruler neben den Hugen (Chauken) und Friesen. Es wird erzählt haben, wie Todasios und Aordos mit stattlichem Gefolge nach dem Süden ziehen, wie sie dann durch die Römer ihren Untergang finden. Da nun in der deutschen Sage Ermenrich*) als der römische Kaiser oder nach der Vilkinasage als der Oberkönig zu Rom gilt, da ja auch der historische, nicht sagenhafte Ermanrich einen Theil der Heruler vernichtete oder sich unterthänig machte (s. oben), wovon eine Erinnerung geblieben sein mochte, so schrieb alsbald die Sage ihm den Tod der beiden Heruler zu. Diese waren aber, wie Ermenrich, gothischen Stammes und wurden demnach als seine Verwandten betrachtet.

Warum nun tödtet er sie der Sage nach? Durch die Rachsucht des treulosen Sibich verleitet, welcher seine

---

*) W. Grimm a. a. O. p. 168 ff.

Habsucht zu reizen versteht; denn die jungen Fürsten besitzen viele Schlösser und einen reichen Schatz*).

Welches einfachere Motiv konnten auch die Dichter ersinnen? Nun war aber Breisach und Breisgau wegen des aus dem Rheine gewonnenen Goldes sagenberühmt; heisst doch schon das Halsgeschmeide der Freia Brisingamen (Brisingorum monile), wie auch im Beowulfsliede Brosinga mene vorkommt. Also lag es nahe, die beiden jungen Heruler nach Breisach zu versetzen und zu Herren eines grossen Schatzes zu machen. Dieses ist der Imelungenhort (Amelungen- d. i. Gothenhort), von dem die Sage erzählt, dass er in dem Burlenberge liege**).

Indessen der Name der Heruler war allmählich verschollen; das Lied aber wurde gesungen und wieder gesungen. Was Wunder, dass man den Namen Herelinge (s. oben) an etwas Bekanntes anzulehnen suchte und was war da natürlicher, als die in dem jetzigen Ostfriesland an der Nordsee liegende Landschaft Harlingerland, Harlingia oder Herlingia — beide Formen finden sich in Urkk. —, welche von dem Flusse Harl benannt ist, damit in Beziehung zu setzen? Die Sage erhielt also nun einige Bestandtheile aus jener im friesischen Chaukenlande belegenen Landschaft. Dieses zeigt sich 1) bei den Namen der Harlungen selbst, welche in der ältesten Quelle (Sängers Weitfahrt v. 113 ed. Ettmüll.) Emerca und Fridla lauten, später Embrika und Fritla, Emelrich, Vridelo und Herlibo, Aki und Etgard (Otgard), Imbrecke und Fritile. Die älteste Form des einen Namens Emerka ist altfriesisch und bedeutet die Emark, den Egau, so dass die Ortsbezeichnung auf die Person übertragen ist. E ist aber ein Flüsschen, welches die im Süden an das Harlingerland stossende Landschaft bis Emden durchströmt; die anderen

---

*) W. Grimm a. a. O. p. 188.
**) Vgl. über alles dieses Simrock, Myth. p. 411 ff.

Formen für Emerka sind Corruptionen. Fridla ist der friesische Personenname Fredelo, eine Verkleinerungsform von Frido, Fredo, wozu vollkommen der oben angeführte Name Vridelo stimmt*).

2) Bei den Namen der Harlungischen Helden: a. Hache (Hacke) ist der Name des Stammhelden der Chauken Hauke, Hoke (s. oben). Dieser ist nach der Sage einer von den sechzehn Söhnen des Berchtung. Nun war es aber bei den Friesen Sitte, ihre Gaue in Viertel einzutheilen und sechzehn Richtern unterzuordnen**), welche aus den reichsten und angesehensten Männern gewählt wurden und aus denen allmählich die Häuptlinge hervorgingen***). Zu diesen musste natürlich ein friesischer Held und Begleiter der Harlungen gehören. Deshalb ist Hache einer von den sechzehn Söhnen des Berchtung. — b. Eckehard (Eckard) ist ein alter, in Friesland viel gebrauchter Personenname†), dessen altfriesische Form Edzard wir oben schon erwähnt haben. Die in der Vilkinasage vorkommende Form Etgard ist wol dasselbe mit Edzard, da tg hier nur eine andere Art sein mag, die friesische Erweichung des k zu bezeichnen. Die Form Otgard in einer anderen nordischen Quelle hat vielleicht wegen der an Eckard sich knüpfenden Volkssage auf Utgardh, die Unterwelt, hindeuten sollen. Das Pferd Eckards Rusche wird nach dem friesischen roske (Rösslein) benannt sein.

Eckehard ist zu dem getreuen Eckard der Volkssage, zu dem Hüter des Venusberges etc. dadurch geworden, dass er durch die Sage zu den Harlungen nach Breisach

---

*) Strackerjan a. a. O. p. 23.
**) Vergl. Wiarda, Willküren der Brokmänner p. 100. Suur, Geschichte der Häuptlinge etc. p. 56 (judices, qui vocantur sedecim). Ehrentraut, fries. Archiv 2, 427. 429 f. 433.
***) Suur a. a. O. p. 65 ff.
†) Suur a. a. O. p. 75.

versetzt wurde, wo er mit dem dort herrschenden Berchtoldmythus (s. oben) in Verbindung trat. Bemerkenswerth ist, dass er in der Sage mit weissem Stabe dem wilden Heere voranzieht. Das ist doch wol ein Richterstab; denn J. Grimm sagt*): „der richterliche Stab erscheint weiss d. h. mit abgeschälter Rinde ... Des Stabs konnte ein Richter nicht entrathen ... Er heisst darum Stabhalter". Also ist daran entweder noch die friesische Richterwürde Eckards zu erkennen oder wir müssen darin noch die Erinnerung an einen Richter der Unterwelt finden, wie Eckard auch schon vorlängst aufgefasst worden ist (s. oben). Ich glaube, dass sich beides füglich vereinigen lässt. Diese uralte Vorstellung**) von einem Unterweltsrichter kann den deutschen Völkern nicht wol gefehlt haben***). c. Von dem Harlungenhelden, dem alten Regentag, weiss die deutsche Heldensage sonst nichts. Ich zweifle nicht, dass er mit Umstellung und einer geringen aus Misverständniss hervorgegangenen Aenderung der den Namen bildenden Wörter identisch ist mit dem im Beowulfsliede erwähnten Helden der Hugen Däghräfen (Tagrabe); den Beowulf tödtet, als er mit seinem Oheim Hygelak gegen die Friesen, Hugen und Hätwaren (Chattuarier) am Niederrhein streitet†). Eine ähnliche Umstellung vermuthet J. Grimm zu Koninc Ermenrîkes Dôt p. 6 (ed. K. Gödeke, Hannov. 1851), wo er meint, dass Hardenacke vielleicht für Eckehard stehe.

Der in der Ermenrichsage vorkommende Name Sibich findet sich auch in Friesland in der Form Siefke††); Ca-

---

*) Deutsche Rechtsalterthümer p. 761.
**) Windischmann a. a. O. p. 11 ff.
***) In dem Namen Aki der nordischen Quellen will W. Grimm p. 265 den Eckehard finden, A. Rassmann (deutsche Heldensage 2, 347. 579) den Hache.
†) Grein, die histor. Verhältnisse des Beow. p. 273.
††) Strackerjan a. a. O. p. 14. Vergl. Ruprecht in der Abh.: Die deutschen Patronymika, nachgewiesen an der ostfriesischen Mundart. Hildesh. 1864. S. 11.

dovius Müller führt an: Siepke, Siffke. Im Harlingerlande ist noch ein kleines Dorf Siepkwerdum. Auch die Grundform Sibo kommt vor, z. B. in Beninga's Chronik p. 617 Sibo Haiken, p. 369 Sibo von Esens (wo auch Siweke) etc. Ich zweifle nicht, dass die Form Sibich aus Siepke oder Sibeke hervorgegangen ist. Auch sie weist auf das Harlingerland hin *).

---

*) Broder, wie ein Sohn Ermanrichs genannt wird, ist ebenfalls in Friesland als Eigenname gebräuchlich. Vergl. Strackerjan p. 28. Auch bei Cadovius Müller.

Anhang.

Ich will in dem Anhange noch mittheilen, was ich von alten Volksliedern in Ostfriesland habe auffinden können. Die erste ausführlichere Kunde von einem solchen erhalten wir von Eggerik Beninga (1490—1562) in seiner Chronik von Ostfriesland p. 159 f., wo er erwähnt, dass auf Folkmar Allena, Häuptling von Osterhusen, noch ein Lied in Friesland gesungen werde, welches auf Deutsch (up Duytsch) so laute:

Groningen is een edle stadt, daar wahnen Edelluyde binnen.
Midden in Freeslant is se gesat, se ligt so wol en treflyche.
Folkmar Allena dats so een man, een man ook also ryke,
He reet in hogen moede voor Carels hooge borge,
O Carel, Carel, gae den Freesen in de handt,
    so bliven dine borge wol staende.
Nimmermehr gae ik de Freesen in de handt,
    schuldet ook kosten dusent live.
De borch is wol umheer beset mit luyden
    un brun bouwede schilde.
Up Sanct Peters nacht wurt se gewunnen,
    so de leve Gott sulvest wulde;
Und up de borch wurden se alle geschlagen,
    Frouw Lysa und alle ohre kinder.
Frouw Lysa is doot, ohre kinder sint doot, daer tho vele
    Hertogen, Graven und Heeren.
Also schal men se alle doen, de de Freeslande gedenken tho
    vernederen.

Suur sagt über dieses Lied in der Zeitschrift Frisia 1842 Nr. 21: „An der ganzen Erzählung, wie sie da steht, ist kein wahres Wort. Folkmar Allena wich, nachdem er den Waffen des Brokmers (Ocko ten Brok) hatte unterliegen müssen, nach dem Jahre 1381 allerdings nach Westfriesland und mag dort den Schiringern gegen Albrecht von Bayern, damals Graf von Holland und Bundesgenossen des Ritters

Ocko, geholfen haben. In die Zeit von 1388 bis 1391 fällt seine Zusammenkunft mit Ocko zu Aurich, bei welcher dieser erschlagen wurde; mithin war er 1390 vielleicht nicht einmal mehr in Westfriesland. Kaiser Karl starb schon 1378 und seine vierte Gemahlin Elisabeth (Lisa) von Stettin überlebte ihn bis zum Jahre 1393. Auch ist sonst gar nicht bekannt, dass der Kaiser und die Kaiserin je in Friesland gewesen seien." Suur meint, dass man eine ältere Sage von ganz anderen Kriegsthaten auf Folkmar Allena übertragen habe. Er bemerkt noch: „die braunen Schilde sind charakteristisch, weil nach den Rechtsbüchern die Friesen diese Farbe an den ihrigen führten, im Gegensatz zu den rothen der Sachsen. (Das Wort bouwede verstehe ich nicht, wenn es nicht etwa mit dem brun: „braun gebauete" heissen soll, obgleich das eben nicht sehr deutlich wäre.)"

Ein zweites altes Volkslied ist das von Cadovius Müller (Pastor in Stedesdorf im Harlingerlande) in seinem Memoriale linguae Frisicae (1691) unter der Bezeichnung Bûske di Remmer mitgetheilte.

C. M. erzählt, es sei kein anderes echt friesisches mehr vorhanden; wie alt es sei und wer es gemacht, das habe ihm Niemand sagen können; er habe nichts daran ändern mögen, sondern Alles genau, wie es ihm dictirt worden, aufgeschrieben; es sollten zwar noch etliche Strophen mehr sein, welche dazu gehörten, weil er aber Niemand angetroffen habe, der sie gründlich gewusst, so habe er das Lied so weit hierhergesetzt, als er es habe erfahren können. Auch die eigene alte Melodie theilt er unverändert mit. Nach diesem einzigen Liede, sagt er, hätten die Ostfriesen auch ihren einzigen und eigenen Tanz gehabt, welcher mit vier Personen, zwei Männern und zwei Frauen oder Jungfrauen aufgeführt sei, „und zwar nach dem Tact, darbey sie gar sonderbahre Actiones und Bewegung des Leibes, der Arme, Hände, Beyne, Kopfes und aller Glieder hatten und machten". Der Tanz sei daher schwer gewesen und habe Schweiss gekostet und sei jetzt (1691) mit der alten Sprache auch verschwunden. Man habe dabei die Hurtigkeit der Friesen sehen können, die ihre Glieder nach dem geschwinden und langsamen Tact meisterlich bewegt hätten; die Frauen hätten gleiche Posituren mit den Männern machen und mit gleichen Mienen ihnen alles nachthun müssen; die Männer hätten beim Tanze mit den Händen zusammengeschlagen bald vorn, bald hinten auf dem Rücken, bald vor den Beinen, „welches alles (fährt Cadovius fort) die Weibsbilder mit thun und nachmachen mussten, welches, wie ichs denn einstens gesehen, mir zwhar lächerlich, doch nicht ungeschicket vorkam." Dann sagt er, es sei zu erinnern, dass sie im Tanze bei dem langsamen traurigen Ausgange des Liedes ihre vornehmsten Posituren gemacht hätten.

Ich gebe das Lied wörtlich, indem ich nur in der Schreibart das Dehnungs-h und das holländische z in jetzt gewohnter Weise ersetze:

1. Bûske di Remmer, di lôse môn, di lôse môn,
di frîde sîn wuf wol sogen iêre, wol sogen iêr,
ûn do di sogen iêr ume wêren, noch frîde hie,
    noch frîde hie.

2. Bûske di Remmer, du lôse môn, du lôse fogs,
om dînetwillen so kûm ik hade, so kûm ik hade,
krieg ik van dîner haun trowe nat, so sterf ik doude,
    so sterf ik doude.

3. Di hâne wol oppe den ricke sat, jû krêde dêrvon.
noch kûm Bûske di Remmer, di lôse môn, di lôse fogs
en frîde sîn wuf wol sogen iêre, met grôte fiere,
    met grôte fiere.

4. Di oghse wol oppe di stalle staun, jû bölkte darvon.
om dînetwillen so kûm ik hade, so kûm ik hade.
krieg ik van dîner haun trowe nat, so sterf ik doude,
    so sterf ik doude.

5. Die katte wol oppe di önneke sat, jû maude dêrvon.
noch quid Bûske di Remmer, di lôse môn, di lôse fogs:
om dînetwillen so kûm ik hade,
    so kûm ik hade.

6. Di hûne wol oppe di schinne stunt, jû bilde dêrvon.
om dînetwillen so kûm ik hade, so kûm ik hade.
krieg ik van dîner haun trowe nat, so sterf ik doude,
    so sterf ik doude.

7. Di dûfe wol uppe den bocke sat, ha, hu, hu, hu, ha.
noch kûm Bûske di Remmer, di lôse môn, di lôse fogs
un quid: om dînetwillen so kûm ik hade,
    so kûm ik hade.

8. Hêr Bûske di Remmer, du lôse môn, du lôse fogs,
du hast mi bedrogen, du hast mi vorlogen, du lôse oghs.
krieg ik van dîner haun trowe nat, so sterf ik doude,
    so sterf ik doude.

        Uebersetzung.

1. Bûske di Remmer[1]), der böse Mann[2]), der freite um sein Weib wol sieben[3]) Jahr und da die sieben Jahr herum waren, da freite er noch.

2. B. d. R., du böser Mann, du böser Fuchs, um deinetwillen komme ich her. Erhalte ich von deiner Hand Treue nicht, so sterbe ich.

3. Der Hahn wol auf der Stange⁴) sass, er krähte davon. Noch kam B. d. R., der böse Mann, der böse Fuchs und freite um sein Weib wol sieben Jahr mit grosser Feierlichkeit.

4. Der Ochse wol auf dem Stalle stand, er brüllte davon. Um deinetwillen komme ich her; erhalte ich von deiner Hand Treue nicht, so sterbe ich.

5. Die Katze wol auf dem Kochherd⁵) sass, sie miaute davon. Noch spricht B. d. R., der böse Mann, der böse Fuchs: um deinetwillen komme ich her.

6. Der Hund wol auf der Scheune stand, er bellte davon. Um deinetwillen komme ich her; erhalte ich von deiner Hand Treue nicht, so sterbe ich.

7. Die Taube wol auf dem Giebel sass, ha, hu, hu, hu, ha. Noch kam B. d. R., der böse Mann, der böse Fuchs und spricht⁶): Um deinetwillen komme ich her.

8. Herr B. d. R., du böser Mann, du böser Fuchs, du hast mich betrogen, du hast mich belogen, du böser Ochs. Erhalte ich von deiner Hand Treue nicht, so sterbe ich⁷).

Anmerkungen.

1) Der sonst nicht vorkommende Name Buske hat noch nicht genügend erklärt werden können. In Richthofens Wörterbuch s. v. bostigia (verheirathen, verehelichen) findet sich als neufriesisches Wort aufgeführt: boask, ehelich. Aber damit ist hier nichts zu machen. Wahrscheinlich ist Buske eine Diminutivform von dem ostfriesischen Buse, welches, wie sonst Butz, Butze, einen Kobold bezeichnet*), wie denn jene Form bei Kobolden öfter angewandt wird; so z. B. Wolterken, Eckerken, im Niederländischen Butke (Popanz). Demnach würde Buske eigentlich ein Spottname sein, der dann aber als Eigenname verwandt wäre, wie als solcher Buse öfter vorkommt. — Aber was bedeutet: der Remmer? Das Wort ist von demselben Stamme, wie Reinhart (= Reineke) abzuleiten, nämlich dem gothischen ragin (consilium) und ausserdem mar (berühmt) und lautet eigentlich Raginmar, Reinmar. Da in dem Namen des Fuchses Reinhart besonders der Begriff der Rath gebenden Klugheit liegt**), so wird das Wort Remmer ursprüng-

---

*) J. Grimm, Myth. p. 288 f. 562 Simrock, Myth. p 471. Vgl. Stürenburgs ostfr. Wörterbuch s. v. Busebeller.

**) Vgl. J. Grimm, Reinhart Fuchs p. CCXLI. Vgl. Strackerjan 1. l. p. 10 ff.

lich etwas Aehnliches bedeuten. — Sollte es nun, wie Reineke, appellativisch einen klugen Menschen bezeichnen können? Wird Buske in dem Liede doch öfter der lose fogs genannt.

2) Das Wort lose hat jetzt nach Stürenburgs Wörterbuch s. v. loos die Bedeutung: klug, schlau, pfiffig. Der Zusammenhang zeigt, dass diese Bedeutung in unserem Liede nicht ausreicht, sondern dass es hier, wie im Holländischen und Angelsächsischen, bezeichnen muss: durchtrieben, falsch, schlimm.

3) sieben Jahr kommen in ähnlicher Weise recht oft in den deutschen Volksliedern vor. Vgl. Mittler, d. Volksl. p. 140. 151. 154. 170. 272. 280. 285. 431 ff. 892. Ueber die Siebenzahl s. J. Grimm, d. R.-A. p. 214.

4) rick wird in Stürenburgs Wörterbuch so erklärt. Es findet sich auch sonst im Plattdeutschen; s. G. Schambachs Wörterbuch der niederdeutschen Mundart von Göttingen und Grubenhagen s. v. rik.

5) Cadovius M. hat in seinem Wörterverzeichnisse: „öncke, ein eisern Ofen, drin Töpfe gemauret, drin die Friesen ihr Essen kochen". Für Ofen hat er aufende.

6) quid von quidden ist dritte Pers. Präs. Cadovius M. hat dafür auch die Form quat. Vgl. Richthofens altfr. Wörterbuch s. v. kwetha.

7) Im Texte heisst es: so sterbe ich todt. Unter dem Volke wird noch so gesagt. In einem dithmarsischen Volksliede (Mittler p. 17) heisst es: kame ik tom aventdanze nich, So mot ik sterven dot.

Cadovius M. hat unter den Anekdoten auch eine, wie ein friesisches Weib von dem lustigen Tanze auf einer Kindtaufe nicht habe nach Hause gehen wollen, obwohl ihr der Tod ihres kranken Mannes gemeldet sei. Da sich Aehnliches in Volksliedern findet (Mittler p. 222), so mag auch das von Cad. M. Erzählte ursprünglich in einem fries. Volksliede enthalten gewesen sein. Ein solches findet sich in: Sanghfona. Plattdütsk-Ostfreeske Rimen, Vertellsels cet. Emden 1838. Th. 1. S. 66 unter der Ueberschrift: Danslüst.

Magd. Frau, Ji sull'n na Huus to komen,
      Jo Mann de is krank.
Frau. Is he krank?
      Gott Loff un Dank! —
      Noch 'n Dansje twee dree!
Magd. Frau, Ji sull'n na Huus to komen,
      Jo Mann will Jo berichten.
Frau. Will he berichten?
      Kann he ook bichten.
      Noch 'n Dansje twee dree!

Magd. Frau, Ji sull'n in Huus toch komen,
      Jo Mann will starven.
Frau. Will he starven?
      Kann 'k ook arven.
      Noch en Dansje twee dree!
Magd. Frau, Ji moot in Huus nu komen,
      Jo Mann de is dood.
Frau. Is he dood,
      Ett he geen Brood.
      Noch'n Dansje twee dree!
Magd. Frau, Ji sull'n na Huus hen komen,
      Sünt Freejers vöer Jo.
Frau. Wat segg Ji?
      Freejers vöer mi? —
      Dann is 't Dansen vöerbi!

In der Zeitschr. Frisia 1842 Nr. 8 erwähnt Dir. Schweckendieck zwei von A. v. Halem mitgetheilte Volkslieder in folgender Weise: „Das erste erinnert an die frühere Kleinheit und Dürftigkeit Aurichs und ist sicher von den besonders unter Enno III. mächtigen Emdern ausgegangen; es lautet so:

    Auerker pogge,
  Maak mi een paar schoo! —
    „Ik hebbe gien leër
    Ik hebbe gien smeer
    Ik hebbe gien pick!"
  Aurick-kick-kick-kick!

Das andere Volkslied ist uralt und erinnert an die Volkslustbarkeiten, welche bei den Upstalsbomischen Landtagen Statt hatten. Es wird noch jetzt zur Pfingstzeit von der Auricher Jugend, welche dabei um einen s. g. Maibaum tanzt, gesungen und heisst:

  Maiboom! maiboom! holl' di faste,
  Mörgen krieg' wi frömd lü' to gaste —
  Janmann is sin wief entloopen,
  Wel sall hüm de bonen koken?
  Dat mag Janmann sülvens doen!
  Gott gäv' hüm 'n goode mörgen,
  Dar mag Janmann sülvst vör sörgen!

So weit Schweckendieck. Wiarda bespricht das zweite Liedchen in seiner Schrift: Von den Landtagen der Friesen, Leer 1818. p. 67.

A. von Halem theilt in der Frisia 1842. Nr. 9 folgendes **Morgensternlied** mit und bemerkt dazu: „Ich habe dasselbe dem Dictate eines armen Knaben aus der Gegend von Arle nachgeschrieben, der es für eine milde Gabe in den Häusern mit klarer Stimme absang und dabei einen mit Goldflittern und buntem Papier beklebten Stern tactgemäss umdrehte. Nur durch einen kleinen Theil Ostfrieslands wandern zur Zeit des Vorfrühlings, immer seltener, diese Sänger vom Morgenstern. Das Lied und dessen Melodie, beide einfach, haben etwas Frommes und Rührendes, besonders für das kindliche Gemüth."

1. Daar kamen wy heer mit unsere steern.
   Wy söken dat kindlein van wiet und van feern.
2. Daar kamen wy vör Herodes syn dör;
   Herodes de könig kwam sülvenst d'rvör.
3. Herodes de könig sprak do in der nacht:
   „Wie ist von den dreien der jüngste so schwach!"
4. Dat de eene wat swack*), is uns woll bekannt;
   Dat kummt, dat wy reisen ut dat mörgenland.
5. Do muss nu de steern stünds ganz stille stan;
   De steeren stund stille und rörd' sik nich meer.
6. Dat was d'r een teeken van God unsem Heern;
   Wy dürssen nich spreeken, still stund unse steern.

(Bei dieser Strophe lässt der Sänger den Stern stille stehn; dann lässt er ihn wieder drehn und fährt fort:)

7. Nu tinkel**) man wyder du goldene steern —
   Wy sünd kiene ryder, wy lopen so geern,
8. So lange bit dat wy to Bethlehem kamen,
   To Bethlehem, dat is een heel mooje stadt.
9. De stadt war Maria mit hör kindje sat,
   Daar leep unse steeren woll vör uns up't pat.
10. Wo klein is dat kindje — wo groot is de leve Gott,
    De himmel un erde geschapen het.
11. Nu langt uns arm' lühde een half mengel***) beer,
    Wy sünt nu so döstig und hebben niks meer.
12. Un is hier gien beer, so ligt hier noch münt' —
    Un gävt uns 'n mettwurst, de jeder uns günt.
13. Wy wünsken de buur n' goldenen wagen,
    Dan wurt hüm 't nicht stuur in de Himmel to jagen.
14. Wy wünsken d'burintje een goldene kron'
    Un tokamend fröjar 'n heel dicken soon.

---
*) swack und vorher schwach ist entstellt aus swart und schwarz; s. unten.
**) tinkeln = funkeln.
***) mengel = ½ Kanne.

15. Wy wünsken de knechten een heel breden hoth
Un tokamend sömmer de maid to syn bruut.
16. Dat will'n wy joh schryven up'n dreelilienblat; —
Un nu gaan wy wyder up 'n ander pat! —

In Nr. 12 wird das Lied in etwas abweichender Gestalt mitgetheilt (von Suur?), wie es im Amte Esens gesungen wurde:

1. Hier kamen wi heer mit unseren steern
Wi söken dat kindlein van na un van feern.
2. Wi kämen wol vör Herodes sin dör
Herodes·de könig kwäm sülfest hervör.
3. Herodes de sprak mit falsken hart:
Wo is van de dreen de jüngste so swart?
4. Dat de eene wat swart is, is wol bekant:
Dat kumt, dat wi reisen ut morgenland.
5. De steern stund still un rörd' sük nich meer,
Dat was der een teeken van Gott den heer!
6. O steern, du must nich stille staan,
Du must mit uns na Bethlehem gaan,
7. Na Bethlehem de grote stadt,
Daar Maria mit ihrem klein kindelein sat.
8. Wo kleiner kind, wo groter Gott,
De himmel un erde erschaffen hat.
9. Wo kleiner kind, wo groter Gott,
Einen guten Abend gebe euch Gott!

(Dann wird eine Gabe empfangen und weiter gesungen:)

10. Sie haben uns eine Verehrung gegeben:
Der liebe Gott lasse in Freuden Sie leben,
11. In Freuden leben immerdar!
Das wünschen wir Euch zum neuen·Jahr.

Jetzt folgen einige besondere Wünsche, ungefähr wie die in den drei letzten Strophen des anderen Liedes, endlich:

Das schreiben wir auf 'nen Lilienzweig:
Der liebe Gott geb' Euch das Himmelreich!
Das schreiben wir auf ein Rosenblatt,
Und damit gehen wir 'nen andern Pfad.

Vergl. noch Frisia p. 142.

In dem Jahrbüchlein für Ostfriesland 1841 p. 4. theilte Dr. G. W. Bueren das Volkslied von den zwei Königskindern zuerst mit, indem er dazu bemerkte: „Das obige alte Lied, welches sich, so viel ich weiss, in plattdeutscher Mundart nirgends so vollständig abgedruckt findet, fischte ich in Papenburg aus dem Munde einer Amme auf." L. Uhland hat es in seiner Sammlung deutscher Volkslieder (Stuttgart 1844) p. 199 noch vollständiger ebenfalls in plattdeutscher Sprache, indem er p. 1008 angibt: „Mündlich aus dem Münsterlande, durch Fräulein Anna von Droste-Hülshof." Das Lied ist sehr verbreitet in allen Ländern deutscher Zunge. Vergl. Mittler, deutsche Volkslieder p. 50 ff. Ob unser Lied in dem eigentlichen Ostfriesland vorkommt, ist zweifelhaft.

1. Der wassen twee Königeskinder
   Dee hadden eenander so leev;
   Bi 'n ander kunnen se nich komen:
   Dat water was völs to breed.
2. „Du kanst ja good swemmen, min Leve,
   So swemme herover to mi:
   Van nacht sal een fackel hier brannen,
   De see to belüchten vör di."
3. Der was ook een falske nunne,
   Dee sleek sück ganz sacht na de stee
   Un dampte dat lucht him tomaal uut:
   De königssohn bleev in de see.
4. De dochter sprak to de moder:
   „Min harte, dat deit mi so wee,
   Laat mi in de lucht gaan to wandeln
   An de kante van de see."
5. „Do dat, min leeveste dochter,
   Doch dürst du alleen nich gaan;
   Weck op din jungste broder
   Un dee laat mit di gaan!"
6. „Och nee! min jungste broder,
   Dee is so wild, dat kind,
   De schütt na alle de vögels,
   Dee an de seekante sünt;
7. Un schütt he dann alle de macken*),
   De wilden let he gaan;
   Dann segt gliek alle lüde:
   Dat het dat königskind daan!"
8. „Doch dochter, leeveste dochter,
   Alleen dürst du nich gaan;
   Weck up dien jungste süster
   Un dee laat mit di gaan."
9. „Och nee! min jungste süster
   Is noch een spölend kind,
   Dee löpt na alle de blöömtjes,
   Dee an de seekante sünt,
10. Un plükt se dann alle de roden,
    De witten let see staan,
    Dann segt gliek alle lüde:
    Dat het dat königskind daan!"
11. De moder gunk na de karke,
    De dochter gunk an de see;
    Se gunk so alleen un so trürig,
    Dat harte, dat dee hör so wee.

---
*) mack = sahm. Bei Uhland: de tammen.

12. „O fisker, min gode fisker,
   Du sügst ik bün so krank;
   Du kanst und most mi helpen;
   Sett uut dien netten to fank!
13. Hier hebb' ik min leevste verloren,
   Wat ik up erden had,
   Doch riek wil ik die maken,
   Kanst du upfisken den schat."
14. „Vör ju wil ik dage lank fisken,
   Verdeend' ik ook niks, als Godslohn."
   Un smeet sien netten in't water;
   Wat funk he? — den königssohn!
15. „Daar fisker, leeveste fisker,
   Daar nimm dien verdeende lohn:
   Hier hest du min goldene ketten
   Un mine demantene kroon."
16. See nam hör leevst in hör armen
   Un küsde sin bleeken mund:
   „O traue mund, kunst du spreeken,
   Dan worde min hart weer gesund!"
17. See drükde hüm fast an hör harte,
   Dat harte, dat dee hör so wee,
   Un langer kun see nich leeven,
   Un sprunk mit hüm in de see.

Ich will noch aufmerksam machen auf das in der Frisia 1844 p. 45 ff. 57 ff. mitgetheilte alte ostfriesische Volkslied Sünder Martens Vögel und die daselbst gegebene gründliche Erklärung desselben. Vgl. auch a. a. O. p. 67 f. und Sanghfona 1, 109.

www.ingramcontent.com/pod-product-compliance
Lightning Source LLC
Chambersburg PA
CBHW032217230426
43672CB00011B/2585